저자소개

기획 / 김상욱

경희대학교 물리학과 교수. 예술을 사랑하고 미술관을 즐겨 찾는 '다정한 물리학자'. 카이스트에서 물리학으로 박사학위를 받았고, 독일 막스플랑크연구소 연구원, 도쿄대학교와 인스부르크대학교 방문교수 등을 역임했습니다. 주로 양자과학, 정보물리를 연구하며 70여 편의 SCI 논문을 게재했습니다.

글 / 김하연

프랑스 리옹3대학에서 현대문학을 공부했습니다. 어린이 잡지 <개똥이네 놀이터>에 장편동화를 연재하며 작품 활동을 시작했으며, 지금은 어린이와 청소년을 위한 글을 쓰고 있습니다. 쓴 책으로 동화 <소능력자들> 시리즈, <똥 학교는 싫어요!>, 청소년 소설 <시간을 건너는 집>, <너만 모르는 진실>이 있습니다.

그림 / 정순규

자유로운 상상을 좋아하는 일러스트레이터. 고려대 생명과학부 졸업 후 좋아하는 일을 하기 위해 꿈을 찾아 그림을 그리기 시작했습니다. 부산 아웃도어미션 게임 <바다 위의 하늘 정원> 외 2개의 테마 그림 작업을 했습니다.

자문 / 강신철

과학 커뮤니케이터. 자연을 멍하니 바라보며 그 속의 진실을 찾아가는 과정을 좋아합니다. 알게 된 재밌는 이야기를 함께 나누는 것을 더욱 즐깁니다. 현재는 극단 <외계공작소>에서 과학과 인문학을 융합하는 과학 공연을 기획하고 있습니다. 서울대학교 물리교육과 박사과정을 수료하고 졸업을 향해 열심히 달려가고 있습니다.

어린이를 위한 세상의 모든 과학

물리박사 김상욱의
수상한 연구실
③ 원자: 축제는 시작되었다!

기획 김상욱 | 글 김하연 | 그림 정순규 | 자문 강신철

기획자의 글

물리를 알면 과학이 쉬워집니다.

어린 시절, 우리 모두 과학자였다면 믿으실 수 있나요? 땅속이 궁금해서 땅을 파보거나, 무지개 끝에 가보려고 하염없이 걸었거나, 장난감이 어떻게 작동하는지 궁금하여 분해해 본 적 있다면 여러분은 과학자였습니다. 어쩌면 과학자는 어린 시절의 흥미를 잃지 않고 간직한 사람인지도 모릅니다. 그렇다면 우리 어린이들이 과학에 대한 관심을 잃지 않도록 지켜야 하지 않을까요?

과학 중에서도 물리는 특별합니다. 오늘날 과학이라고 부르는 학문은 17세기 뉴턴의 물리학에서 시작되었다고 해도 과언은 아니기 때문이죠. 거칠게 말해서 현대과학은 물리의 언어와 개념을 사용하여 물리적 방법으로 수행되는 활동입니다. 화학에서 원자구조를 계산하고, 생명과학에서 에너지를 이야기하며, 전자공학에서 양자역학을 사용하고, 천문학에서 상대성 이론을 적용하는 것처럼 말이죠. 물리는 모든 자연에 들어있는 가장 근본적인 원리를 다루는 학문이기 때문입니다. 따라서 물리를 모르면 과학을 이해하기 힘듭니다.

과학자가 되지 않으면 물리를 몰라도 될까요? 현대는 과학기술의 시대입니다. 지난 200여 년 동안 일어난 중요한 변화는 대개 과학기술의 결과물입니다. 지금은 과학기술 없이 단 한 순간도 살 수 없는 시대라는 뜻입니다. 이제 과학은 전문가들만의 지식이 아니라 현대를 살아가는 상식이자 교양이 되었습니다.

어린이들은 물리가 다루는 여러 어려운 주제에 대해 이미 잘 알고 있으며 심지어 좋아합니다. SF영화에 단골로 등장하는 블랙홀, 빅뱅, 타임머신, 순간이동, 투명망토, 원자폭탄, 평행우주 등이 그 예죠. 하지만, 막상 수학으로 무장한 교과서 물리를 만나면 흥미를 잃어버립니다. 물리를 제대로 이해하려면 결국 수학도 알아야 하지만, 교양으로서의 물리를 알기 위해 수학이 꼭 필요한 것은 아닙니다. 사실 물리학자에게도 엄밀한 수식보다 자연에 대한 직관적인 이해가 중요한 경우가 많습니다. 이렇듯 어린이들이 이미 가지고 있는 물리에 대한 호기심을 일깨우고, 제대로 된 지식을 알고 싶다는 동기를 불러일으키는 것이 더 중요하다고 생각합니다.

출간 제안을 받았을 때, 과학학습만화 시리즈를 틈틈이 읽던 저의 어린 시절이 떠올랐습니다. 공룡과 곤충 이야기에는 흠뻑 빠졌지만, 물리를 다룬 이야기는 지루했던 기억이 납니다. 당시 물리 이야기도 공룡이나 곤충처럼 재미있게 읽었다면 좀 더 일찍 물리학자의 꿈을 키울 수 있지 않았을까 하는 상상도 해봅니다.

이 시리즈를 준비하며 저와 강신철 박사가 꼭 다뤄야 할 물리 개념을 정리했고, 그것을 바탕으로 김하연 작가가 어린이들이 정말 좋아할 이야기를 만들었습니다. 제가 등장하여 아이들과 미스터리를 풀어간다는 설정이 특히 마음에 드는데, 그 과정에서 중요한 물리 개념이 하나씩 등장하게 됩니다. 무엇보다 정순규 작가의 삽화가 너무 멋지고 사랑스러워서 더욱 몰입할 수 있을 거라고 기대합니다. 최선을 다해 만든 이 책을 읽고 많은 어린이들이 물리와 사랑에 빠지는 계기가 되길 기원합니다.

물리학자 김상욱

차례

- 저자소개 … 2
- 기획자의 글 … 4
- 등장인물 소개 … 8

① 또만나 떡볶이, 대박 나다!   10

② 웰컴, 햇빛 마을 축제   26
비밀 연구 일지 1 / 원자의 정체가 궁금하다!

③ 미니 붕어빵과 자이언트 탕후루   48
비밀 연구 일지 2 / 원자 구조의 비밀을 밝히다!

④ 벼룩시장이 시끌시끌   68
비밀 연구 일지 3 / 원자의 성질은 어떻게 결정될까?

⑤ 엉망진창 놀이 구역 소동　　　88
비밀 연구 일지 4　원자의 크기는 얼마나 될까?

⑥ 나와라, 아토미!　　　108
비밀 연구 일지 5　많고 많은 원자의 종류

⑦ 화난 아토미를 잡아라!　　　126
비밀 연구 일지 6　원자의 종류별 특성을 알아보자!

- 물리 이데아 도감 : 원자 … 146
- 쿠키 … 148
- 4권 미리보기 … 158

등장인물 소개

김상욱 아저씨

'또만나 떡볶이'의 새 주인.
떡볶이 만드는 걸 물리보다 어려워하는 이상한 아저씨다. 어딘가 어설프고 어리바리해 보이지만, 떡볶이집에 엄청난 비밀을 숨겨놓은 것 같다.

태리

떡볶이 동아리 '매콤달콤'의 리더.
활발하고 솔직한 성격으로 친구들에게 인기가 많지만, 가끔은 지나친 솔직함으로 친구들을 난처하게 만들기도 한다.

해나

'매콤달콤'의 브레인.
웬만해선 손에서 책을 놓지 않는 만큼 잡다한 지식을 알고 있다. 하지만 고지식하고 시큰둥한 성격의 소유자다.

건우

자타공인 '매콤달콤'의 사고뭉치.
공부가 세상에서 제일 싫지만 그중에서도 싫어하는 과목은 수학과 과학. 가끔씩 기발한 아이디어로 모두를 깜짝 놀라게 한다.

레드
마두식 회장의 최측근 비서.
마 회장이 누구보다도 믿는 엘리트 부하.
냉철함과 뛰어난 판단력을 자랑한다.
고집불통인 마 회장도 레드의
말이라면 신뢰하고 따른다.

마두식 회장
엔진 제조 회사 '에너지킹'의 회장.
'에너지킹'에서 만든 초강력 신형 엔진 덕분에
하루아침에 부자가 되었다.
세계인의 영웅이라 불리지만
거대한 음모를 숨기고 있다.

이룩한 박사
'또만나 떡볶이'의 전 주인.
까칠한 성격 탓에
'또만나 떡볶이'가 인기를 잃어버리는 데
한몫한 장본인. 언제, 어디로, 어떻게
사라졌는지 아무도 모른다.

블랙&화이트
마두식 회장의 부하 콤비.
마 회장이 하루에도 수십번씩 해고를
고민할 정도로 사고뭉치들이다. 어디로
튈지 모르는 성격에, 마 회장이 내린
지시를 까먹기 일쑤다.

벨라 요원
'이데아 수호 협회'의 요원.
겉으로는 까칠해 보이지만, 이데아를
잡는 데 필요한 준비물들을 가져다주는 등
김상욱 아저씨가 연락할 때마다
도움을 주러 등장한다.

1

또만나 떡볶이, 대박 나다!

화창한 토요일 오전. 김상욱 아저씨와 매콤달콤 멤버들은 아침부터 몰려든 손님들 때문에 정신을 차릴 수가 없었다. 아직 열 시도 안 됐건만 또만나 떡볶이 앞에는 긴 줄이 늘어서 있었다. 심지어 어젯밤부터 가게 근처에 텐트를 치고 잔 사람들도 보였다.

김상욱 아저씨와 아이들은 바쁘게 움직였다.

먼저 김상욱 아저씨는 끓는 물에 미리 만들어 놓은 양념장을 풀었다. 해나는 김상욱 아저씨 옆에서 어묵, 파, 양파 등의 재료를 썰었다. 태리는 가게 안 테이블들을 깨끗이 닦았고, 건우는 거만한 표정으로 문 앞에 서서 "줄을 서시오!"라고 외치며 사람들에게 번호표를 나눠 주었다.

　매콤달콤한 떡볶이 냄새가 피어오르자, 사람들의 코끝이 씰룩거렸다. 다들 또만나 떡볶이의 문이 열리기만을 기다렸다.
　해나가 떡볶이 판을 휘젓고 있는 김상욱 아저씨를 바라봤다.
"다 됐어요?"
　김상욱 아저씨가 비장한 얼굴로 고개를 끄덕였다.
"10분만 더 끓이면 돼."
　잠시 뒤, 김상욱 아저씨의 신호를 받은 건우가 외쳤다.
"1번부터 6번까지 들어오세요!"
"우아아아아아!"

태리는 테이블마다 돌아다니며 손님들의 주문을 받았다. 해나는 손님들이 주문한 떡볶이와 튀김, 어묵 등을 가져다주었다. 손님들은 떡볶이를 씹고, 음식 사진을 찍고, 어묵탕 국물을 떠 먹으며 즐겁게 외쳤다.

"이렇게 맛있는 떡볶이는 처음이에요!"

"햇빛 마을에 이런 맛집이 생기다니!"

김상욱 아저씨는 얼떨떨한 기분으로 떡볶이를 힘차게 휘저었다. 아이들도 최선을 다해 김상욱 아저씨를 도왔다. 또만나 떡볶이에 이런 기적이 일어났다니 도저히 믿을 수가 없었다.
　열두 시간 뒤, 마지막 손님이 가게를 떠나자마자 김상욱 아저씨와 아이들은 테이블 위에 쓰러졌다. 손님들이 휩쓸고 간 가게는 전쟁터 같았지만 손가락 하나 움직일 힘도 없었다.

건우가 김상욱 아저씨의 등을 흔들었다.

"오늘 돈 엄청 벌었죠? 장난감 하나만 사주세요, 네?"

"장난감 같은 소리 하고 있네! 오늘 번 돈은 내 연구 장비들을 바꾸는 데 쓸 거야!"

"우리도 같이 일했는데 그런 게 어딨어요! 그리고……. 방금 저한테 소리 질렀죠?"

"아니야. 내가 언제!"

김상욱 아저씨는 딴청을 피우며 고개를 돌렸다. 며칠 전 일이 생생하게 떠올랐다.

며칠 전

사실 또만나 떡볶이가 대박이 난 이유는 건우 덕분, 아니 건우 할머니 덕분이었다. 또만나 떡볶이를 불쑥 찾아온 건우 할머니는 오래된 단지를 탁자 위에 놓으며 말했다.

자네에게 선물을 주지.

탁!

"우리 가문 대대로 내려오는 특별한 비법으로 만든 고추장일세. 공장에서 찍어내듯 만드는 고추장과는 비교도 안 되는 맛이지. 내가 누군지 궁금하다고? 자, 내가 이런 사람이야."

할머니가 사진 한 장을 김상욱 아저씨의 얼굴에 들이밀었다. 방송에 출연했던 모습을 찍은 사진이었다. 할머니는 한복을 곱게 차려입은 채 근엄한 얼굴로 카메라를 노려보고 있었다.

대한민국 명인 특집

"근데 이걸 왜 저한테 주시는 겁니까?"

"엉망진창인 떡볶이를 만들고 있잖나! 내일부터는 이 고추장을 써 봐. 손님이 쏟아져 들어올 테니까."

"정말 감사합…… 아얏!"

고추장 단지를 만지는 김상욱 아저씨의 손을 할머니가 찰싹 때렸다.

"어딜 함부로 손대?"

"저한테 주신다면서요!"

"고추장을 받는 대신 지켜야 할 조건이 있네. 첫째! 자네가 우리 건우를 그렇게 구박한다지? 건우가 얼마나 귀한 손주인 줄 아나? 다시는 건우에게 화를 내거나 소리를 지르지 말게. 둘째! 자네가 과학에도 밝다고 들었네. 우리 건우가 특히 과학에 약하니 틈틈이 과학 공부를 시켜 주도록 해. 두 조건 중 하나라도 어기면 고추장을 당장 되가져갈 테니 그런 줄 알아."

"아저씨, 장난감 사 줄 거죠? 우리 할머니가 나한테 잘해 주랬잖아요!"

건우의 목소리에 김상욱 아저씨는 다시 현실로 돌아왔다.

"후…… 당연히 사 줘야지. 자, 애들아. 피곤하겠지만 뒷정리를 시작하자."

그때, 태리가 종이 한 장을 탁자에 올려놓으며 말했다.

"이게 뭐니?"

"햇빛 마을 축제가 다음 주 토요일에 열려요. 네 가지 구역별로 다양한 행사가 진행되는데, 그중에서도 요리 경연 대회가 제일 유명해요. 또만나 떡볶이가 너무 맛있어져서 제가 대표로 참가 신청서를 냈어요!"

건우가 심드렁하게 말했다.

"귀찮게 그런 대회를 뭐 하러 나가냐?"

김상욱 아저씨도 건우와 비슷한 반응이었다.

하지만 해나의 한 마디가 상황을 바꿨다.

"1등 상금이 오백만 원이네."

태리가 눈을 반짝였다.

"상금은 그렇다 치고 대회에서 1등이라도 하면 또만나 떡볶이가 얼마나 유명해지겠어요?"

"가게 홍보도 좋지만, 내 진짜 임무는 이데아들을 지키고 보호하는……."

그 순간, 김상욱 아저씨의 머릿속에 지하 연구실의 낡은 연구 장비들이 떠올랐다.

"좋아, 해 보자!"

한편, 또만나 떡볶이 밖에 세워진 한 자동차 안에서 두 남자가 도청 장치를 통해 그들의 대화를 엿듣고 있었다.

2

웰컴, 햇빛 마을 축제

'제10회 햇빛 마을 축제'라고 쓰인 입구 쪽으로 수많은 사람들이 들어가고 있었다. 일 년에 한 번씩 햇빛 광장에서 펼쳐지는 햇빛 마을 축제는 마을에서 가장 큰 행사였다. 올해에도 구역별로 나누어 다양한 행사가 열릴 예정이었다. A 구역은 김상욱 아저씨와 아이들이 참여할 요리 경연 대회장, B 구역은 출출한 배를 채울 수 있는 먹거리 장터, C 구역은 주민들이 물건을 사고파는 벼룩시장, D 구역은 크고 작은 놀이기구들이 모인 곳이었다. 가로등에 달린 스피커에서는 경쾌한 음악이 흘러나왔다.

 김상욱 아저씨는 고추장 단지가 든 아기띠에 건우의 가방까지 짊어졌다. 김상욱 아저씨와 아이들은 요리 재료와 도구들이 든 가방을 들고 A 구역을 향해 힘겨운 발걸음을 옮겼다.
 태리가 걱정스럽게 속삭였다.
 "아저씨, 많이 무거우세요? 왜 이렇게 땀을 흘리세요?"
 "너무 떨려서 그래. 1등은 못하더라도 꼴등은 하면 안 될 텐데. 고추장을 주신 건우 할머니께도 죄송하고 내 체면도 있지!"

김상욱 아저씨와 세 아이들은 요리 경연 대회가 열릴 하얀 천막 안으로 들어갔다. 다른 참가자들도 도착해 팀별로 배정받은 기다란 테이블에 짐을 풀고 있었다.

김상욱 아저씨는 고추장 단지를 쓰다듬으며 쿵쾅거리는 심장을 간신히 진정시켰다. 블랙과 화이트는 품에 든 고추장 단지를 연신 쓰다듬고 있는 김상욱 아저씨를 수상한 눈초리로 쳐다봤다.

"저건 도대체 뭐지?"

"이데아가 든 항아리인가?"

"설마 요리에 이데아를 쓸 생각인가!"

"그래서 저렇게 소중하게 껴안고 있나 봐!"

블랙과 화이트의 눈이 마주쳤다. 둘은 음흉하게 웃으며 하이 파이브를 했다.

김상욱 아저씨 일행에게 방송국 기자가 다가왔다.

"안녕하세요, 햇빛 방송에서 나왔습니다. 인터뷰 좀 해 주실 수 있나요?"

건우가 손을 번쩍 들었다.

"텔레비전에 진짜 나와요? 제가 할래요!"

건우가 카메라 앞에 선 순간 강렬한 조명이 쏟아졌다.

건우가 인터뷰를 하는 동안 양복을 차려입은 근엄해 보이는 심사위원 세 명이 앞쪽에 마련된 의자에 앉았다. 이어서 사회자도 천막 안으로 들어와 마이크를 잡았다.

곧 요리 경연 대회가 시작될 모양이었다. 돌아오라는 태리의 외침에 건우도 다시 천막 안으로 들어왔다.

김상욱 아저씨는 다른 참가자들을 흘끔거렸다. 다른 참가자들이 가져온 요리 도구는 번쩍번쩍 광이 났다. 다들 요리 고수처럼 보이는 만만치 않은 분위기를 풍겼다.

"태리야, 다른 팀들은 무슨 음식을 만드니?"
"아, 잠깐만요!"
태리가 주머니에서 종이를 꺼내 펼쳤다.
"5년근 고려인삼으로 맛을 낸 돼지갈비, 소뼈를 통째로 올린 칼국수, 프랑스산 치즈를 곁들인 전복구이, 지리산 흑돼지 돈가스……."

"뭐! 그런 고급 메뉴들 사이에서 우리만 떡볶이라고? 애들아, 지금도 늦지 않았어. 괜히 망신당하지 말고 그냥 가자!"

건우가 말했다.

"싫어요! 난 1등 해서 오백만 원 탈 거예요!"

해나가 김상욱 아저씨를 타일렀다.

"아저씨, 우리한테는 세상에서 가장 맛있는 고추장이 있잖아요. 걱정 마세요."

사회자가 다시 외쳤다.

"자, 이제 본격적으로 요리 경연 대회를 시작하겠습니다. 제한 시간은 50분, 3인분의 음식을 접시에 각각 담아 주세요!"

김상욱 아저씨는 마음을 다잡았다.

"좋아, 최선을 다해 보자. 모두 평소에 하던 대로만 하면 돼! 나는 양념장을 만들게!"

참가자들 모두가 분주하게 움직이기 시작했다. 천막 안은 탁탁거리며 칼질하는 소리, 물이 보글보글 끓는 소리, 냄비와 프라이팬이 달그락거리는 소리로 가득 찼다.

그때, 몸이 블록으로 이루어진 듯한 작고 알록달록한 생명체가 천막 안에 숨어들었다. 하지만 요리에 집중하느라 아무도 눈치채지 못했다.

생명체는 호기심 가득한 얼굴로 천막 곳곳을 돌아다녔다. 마침내 김상욱 아저씨네 테이블까지 온 생명체는 양념 그릇에 담긴 소금과 황설탕을 보고 눈을 반짝였다. 생명체가 손바닥을 펼치자 작은 블록이 떠올랐다. 생명체는 테이블 위로 폴짝 뛰어올라 소금과 황설탕에 블록을 하나씩 던진 뒤 도망쳤다.

해나가 안경을 추어올렸다.

"지금 뭐가 나타났다 사라지지 않았어요?"

"해나야, 지금 양념장 만들잖니. 집중해야지, 어딜 보니? 자, 설탕은 큰 두 숟갈에 소금은 아주 살짝만 뿌리자."

생명체는 다른 테이블도 돌아다니며 양념과 소스, 물 등에 블록을 던졌지만 아무도 알아채지 못했다.

김상욱 아저씨는 프라이팬에 물을 끓인 뒤 정성을 다해 만든 양념장을 넣었다. 양념장이 끓어오르자, 아이들이 떡볶이 떡과 다른 재료들을 넣었다. 곧 매콤한 냄새가 피어올랐다. 지글지글 끓고 있는 떡볶이는 군침이 가득 고일 만큼 맛있어 보였다. 김상욱 아저씨의 입가에도 드디어 흐뭇한 미소가 피어올랐다.

"얘들아, 이러다가 정말 1등 하겠는데? 으하하하!"

태리가 손뼉을 쳤다.

"거봐요! 참가하길 잘했죠? 이제 맛을 봐야 하지 않을까요?"

"당연히 맛있겠지, 뭐!"

하지만 떡볶이 국물을 떠먹은 순간 김상욱 아저씨의 얼굴이 일그러졌다.

"아유, 짜!"

　다른 참가자들은 김상욱 아저씨를 흘끔거리며 그럴 줄 알았다는 듯이 웃었다.
　떡볶이에 물을 들이부었지만 이미 망친 맛은 쉽게 돌아오지 않았다. 김상욱 아저씨의 얼굴에서 식은땀이 흘러내렸다.
　"이해를 못 하겠네. 소금은 분명히 조금만 넣었는데……."
　김상욱 아저씨는 소금 그릇에 손가락을 찍어 맛을 보았다.

그때, 옆에서 태리의 다급한 목소리가 들렸다.
"아저씨, 떡볶이요!"
"으앗!"
김상욱 아저씨가 가스레인지 불을 황급히 줄였지만, 떡볶이는 이미 졸아들어 있었다.

그때였다.

뒤쪽에서 또 다른 비명이 울려 퍼졌다. 김상욱 아저씨와 아이들은 비명이 들린 테이블로 뛰어갔다. 블랙과 화이트의 테이블에 놓여 있던 생수병에서 하얀색 연기가 피어오르고 있었다.

김상욱 아저씨가 물었다.
"이 병에 뭐가 들어 있었나요?"
"당연히 물이죠!"
블랙과 화이트는 껴안고 울음을 터뜨렸다.
"1등 해야 하는데!"
"물도 없이 어떻게 요리를 해!"

김상욱 아저씨는 생수병을 집어 들고 눈 앞에 입구를 들이댔다. 그리고 생수병에서 끊임없이 피어오르고 있는 하얀색 연기를 가까이에서 살펴보았다.

수상한 하얀색 연기의 정체는 분명 드라이아이스였다.

물이 드라이아이스로 변했다고? 드라이아이스는 고체 형태의 이산화탄소인데. 어떻게 물이 갑자기 이산화탄소가 될 수 있지?

그때, 건우가 얼굴을 찡그리며 김상욱 아저씨의 팔을 흔들었다.

"아저씨, 혹시 방귀 뀌셨어요? 방귀는 천막 밖에서 뀌어야죠!"

김상욱 아저씨는 코를 킁킁거리며 주변을 둘러봤다. 톡 쏘는 듯한 지독한 냄새가 천막 안을 가득 메우고 있었다. 사람들의 시선이 김상욱 아저씨에게 꽂혔다. 김상욱 아저씨의 얼굴이 순식간에 빨개졌다.

김상욱 아저씨는 냄새가 풍기는 곳을 찾아 천막 안을 돌아다녔다. 그러다가 식용유 병 하나를 집어 들었다.

"여기에서 나는 것 같은데? 식용유에서 왜 암모니아 냄새가 나지?"

태리가 물었다.

"암모니아가 뭐예요?"

"암모니아는 고약한 냄새를 풍기는 질소와 수소의 화합물이야. 물에도 잘 녹는 성질이 있지."

김상욱 아저씨의 말을 들은 해나가 말했다.

"이상한 일들이 연달아 일어나고 있어요, 아저씨. 혹시……."

"그래. 소금은 설탕이 되고, 설탕은 소금이 됐어. 물은 이산화탄소가 되고, 식용유에서는 암모니아 냄새가 풍겨. 아무래도 요리 재료들을 이루고 있던 원자의 종류가 바뀐 것 같은데……."

"원자요? 그건 또 뭔데요?"
"원자는 물질을 이루는 기본 입자야. 어떤 물질을 계속 쪼개고 쪼개다 보면, 더 이상 쪼개지지 않는 입자에 도달하겠지? 그 입자를 원자라고 해. 이 세상 모든 물질은 수많은 원자들이 모여서 만들어지지."

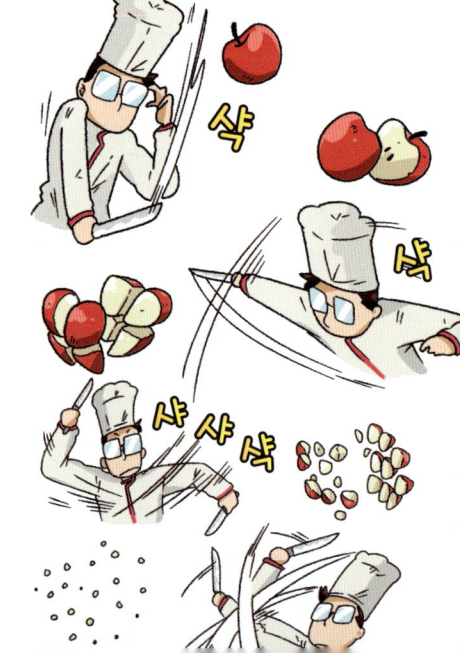

태리가 끼어들었다.

"좀 더 쉽게 설명해 주시면 안 돼요? 무슨 말인지 모르겠어요."

"너희가 어렸을 때 가지고 놀던 블록을 떠올려 봐. 블록은 더 이상 작게 쪼갤 수 없고, 크기나 모양도 변하지 않지. 하지만 그 블록을 쌓거나 이어서 원하는 것은 무엇이든 만들 수 있잖아. 이 세상 모든 물질도 '원자'라는 블록으로 만들어졌다고 생각하면 돼."

"원자의 종류가 갑자기 바뀌었다면⋯⋯ 햇빛 마을 축제에 원자 이데아가 나타났다는 뜻이에요?"

김상욱 아저씨는 고개를 끄덕였다. 그리고 혼란에 빠진 참가자들을 비장한 얼굴로 바라봤다.

김랩욱 박사의 비밀 연구 일지

1 원자의 정체가 궁금하다!

> 오늘의 연구 대상

요리 경연 대회장이 아수라장이 되었어!
덕분에 우리의 자랑, 떡볶이도 이상한 맛으로 변했지.
어떻게 원자가 이런 일을 만들 수 있을까?

> 오늘의 일지

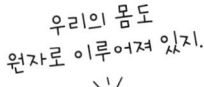

우리의 몸도 원자로 이루어져 있지.

원자로 이루어진 세상

세상은 모두 원자로 이루어져 있어. 숨을 쉬는 데 꼭 필요한 공기, 지금 읽고 있는 이 책, 책을 올려놓고 있는 책상까지! 공기는 눈에 보이지 않고, 책과 책상은 종이와 나무로 만들어졌는데 무슨 소리냐고?
 눈에 보이지 않는 공기도 원자로 이루어져 있고, 종이와 나무도 모두 특정한 원자들이 모여서 생겨난 거야. 즉, **원자가 하나하나의 레고 블록이라면 세상은 레고 월드라고 할 수 있어.**

쪼개지지 않는 원자

사과를 깎는 모습을 본 적 있니? 사과를 깎으면 과육과 껍질, 그리고 씨로 분리되지? 이런 식으로 어떤 한 물질을 무수히 자르면 어떻게 될까? 영원히 계속해서 잘릴까? 답은 '그렇지 않다'야.

사과를 계속해서 자르다 보면 결국 **사과를 구성하고 있는 가장 작은 단위인 원자**를 만나게 돼. 사과뿐만 아니라 모든 물질들이 마찬가지지. **이 세상의 모든 물질은 원자로 이루어져 있기 때문**이야.

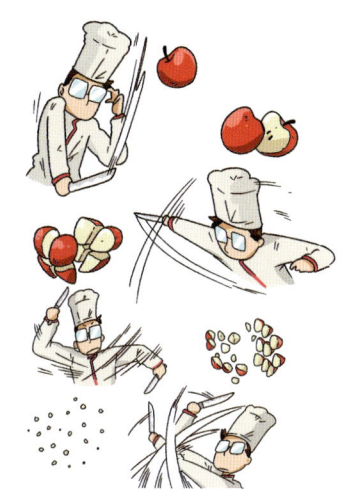

옛날 사람들은 어떻게 생각했을까?

옛날 사람들은 세상이 무엇으로 이루어져 있다고 생각했을지 궁금하지 않니? 세상이 물로 이루어져 있다는 주장부터 숫자로 이루어져 있다는 주장까지, 다양한 의견들이 있었지. 그중에서 가장 유명한 건 바로 세상이 불, 물, 흙, 공기의 네 가지 물질로 이루어져 있다는 아리스토텔레스의 4원소설이야.

세상이 원자로 이루어져 있다는 이론이 사실로 받아들여진 건 그렇게 오래되지 않았어. 불과 200년 전인 19세기까지만 하더라도 사람들은 아리스토텔레스의 4원소설이 사실이라고 생각했단다. 신기하지?

물 　 불 　 흙 　 공기

나는 아리스토텔레스. 4원소설을 주장했지.

> **오늘의 연구 결과**
>
> # 모든 물질은 원자로 이루어져 있다!

요리 경연 대회장에서 벌어진 사건들의 원인을 찾아보자!

3
미니 붕어빵과 자이언트 탕후루

김상욱 아저씨와 아이들은 행사가 중단된 천막 안을 빠져나왔다. 모든 참가 팀의 요리 재료들에 문제가 생긴 이상 더는 요리 경연 대회를 계속할 수 없었다.

김상욱 아저씨가 물었다.

"해나야, 아까 테이블에서 뭔가를 봤다고 하지 않았니? 어떻게 생겼는지 기억나?"

해나는 고개를 저었다.

"아니요. 너무 금세 사라져서 모르겠어요."

축제장 입구로는 여전히 많은 사람들이 들어오고 있었다.

태리가 제안했다.

"그라몽 때처럼 흩어져서 찾아보면 어떨까요? 그래야 더 빨리 찾을 수 있을 거예요. 근데 이데아를 잡으려면 이데아 캔이 있어야 하지 않아요?"

김상욱 아저씨가 품속에서 이데아 캔을 꺼냈다.

"혹시 몰라서 외출할 때면 꼭 가지고 다녀. 자, B 구역은 먹거리 장터, C 구역은 벼룩시장이라고 했지? 그럼……."

건우가 손을 번쩍 들었다.

"제가 B 구역으로 갈래요! 아침도 못 먹어서 배고프다고요."

"너는 이 상황에 밥 타령을 하고 싶니?"

"어허! 우리 할머니한테……."

"알았어! 그럼 건우랑 태리는 B 구역으로, 해나는 나랑 C 구역으로 가자. 이데아처럼 보이는 수상한 생명체를 발견하면 즉시 나한테 연락하도록."

블랙과 화이트는 숨어서 김상욱 아저씨 일행을 염탐했다.
"요리 경연 대회 1등은 물 건너 갔으니 이데아라도 훔치자."
"마 회장님께 칭찬 받겠지?"
두 사람은 행복한 상상에 빠진 채 키득댔다.

자신의 뒤통수에 꽂힌 뜨거운 시선을 느낀 김상욱 아저씨가 돌아봤지만 둘은 천막 뒤로 얼른 숨었다.
"그럼 얘들아, 우리 파이팅 한번 할까?"
김상욱 아저씨가 손을 내밀었다.
해나가 말했다.
"그냥 빨리 움직이기나 하세요."

건우와 태리는 B 구역 쪽으로 발걸음을 옮겼다. 도착하기도 전에 고소하고 달콤하고 매콤한 냄새들이 콧속을 파고들었다. 다닥다닥 붙어선 파란색 천막들 밑에서 상인들이 먹거리들을 팔고 있었다.

떡볶이와 김밥, 어묵 같은 분식부터 철판에서 지글지글 구워지는 닭꼬치, 앞뒤로 몸을 뒤집고 있는 붕어빵, 회오리 감자, 잔치국수 등 온갖 맛있는 음식들 앞에서 건우의 눈동자는 정신없이 흔들렸다.

"너까지 이러기냐? 배가 든든해야 힘을 내서 이데아를 찾지. 이 넓은 데서 걔가 어디에 숨었는지 어떻게 아냐? 할머니가 축제 간다고 용돈도 많이 주셨단 말이야. 내가 쏠게, 응?"

"그래도 우리끼리만 먹는 건……."

하지만 말과는 달리 태리의 배 속에서 꼬르륵 소리가 천둥처럼 울려 퍼졌다.

결국 태리도 음식들 앞에 항복하고 말았다.

"그럼 후딱 먹고 이데아를 찾자!"

건우와 태리의 발걸음이 천막들 앞을 바쁘게 오갔다. 이데아 생각은 멀리 떠나보낸 채 두 아이는 음식을 고르는 데 열중해 있었다.

건우가 입맛을 다시며 말했다.

"일단 잔치국수랑 왕만두를 먹자."

"후식은 탕후루랑 버블티 어때?"

"좋지!"

김이 모락모락 나는 잔치국수와 왕만두를 받아 든 건우와 태리는 사람들이 편하게 음식을 먹을 수 있도록 테이블과 의자가 설치된 곳으로 들어갔다.

태리는 왕만두를 입안 가득 밀어 넣으면서도 원자 이데아가 보이는지 주변을 계속 둘러보았다. 하지만 그 어디에서도 수상한 형체는 보이지 않았다.

다들 평화롭게 음식을 먹는 모습을 보니 다행히 B 구역에는 오지 않은 모양이었다.

"아까 아저씨가 이 세상 모든 물질은 원자로 되어 있다고 하셨잖아. 그럼 우리 같은 사람도 원자로 되어 있을까? 정말 신기하지 않니?"

건우가 황홀한 얼굴로 말했다.

"난 이 잔치국수가 더 신기하다. 어쩜 이렇게 맛있냐?"

"그건 그래. 진짜 꿀맛이다!"

둘은 점심도 못 먹고 C 구역을 헤매고 있을 김상욱 아저씨와 해나에 대한 생각은 잠시 잊은 채 배가 터지도록 잔치국수와 왕만두를 먹었다.

잠시 후, 건우와 태리는 빵빵해진 배를 두들기며 밖으로 나왔다.

기분이 좋아진 건우가 손가락으로 허공을 가리키며 말했다.

"자, 이제 탕후루다!"

"그래, 좋아!"

그때, 가까운 천막에서 사람들이 싸우는 소리가 들렸다.
태리가 말했다.
"무슨 일이지? 가 보자!"
소란이 벌어진 곳은 붕어빵을 파는 천막이었다. 한 아주머니가 붕어빵이 담긴 봉투를 흔들며 상인에게 따지고 있었다.
"지금 장난해요? 이걸 누구 코에 붙여요? 천 개를 먹어도 배가 안 차겠네!"
아주머니가 봉지에서 누런 콩 같은 것을 꺼내 흔들었다.
"아니, 저는 분명히 제대로 구워 드렸다니까요?"
"무슨 소리예요, 붕어빵이 이렇게 작은데!"

붕어빵을 파는 아저씨는 당황해서 어쩔 줄 몰라 하고 있었다.

태리와 건우는 눈을 가늘게 뜨고 아주머니가 들고 있는 붕어빵을 들여다봤다. 분명히 붕어빵처럼 생기긴 했지만 이건 작아도 너무 작았다.

태리와 건우는 의심쩍은 눈빛을 교환했다.

"붕어빵이 작아진 것도 이데아랑 관련이 있을까? 아저씨한테 전화해 보자."

건우가 태리의 팔을 잡아끌었다.

"일단 탕후루부터 먹고! 지금 전화하면 여기 와서 잔소리하실 거 아냐!"

건우는 태리를 질질 끌고 탕후루를 파는 천막으로 갔다. 딸기, 귤, 포도 등 기다란 꼬치에 꽂힌 윤기 흐르는 과일들이 아이들을 기다리고 있었다. 달콤한 설탕 냄새와 알록달록한 탕후루의 모습에 태리의 걱정은 다시 한번 모습을 감추었다.

"저는 포도 탕후루 주세요!"
"전 딸기랑 귤이 섞인 반반 탕후루!"

아주머니가 탕후루를 아이들에게 건네준 순간 태리의 눈이 커졌다. 건우가 들고 있는 탕후루 옆에 알록달록한 블록으로 이루어진 수상한 형체가 있었다. 원자 이데아였다!

원자 이데아는 작은 블록을 건우의 탕후루에 던지고 C 구역 쪽으로 도망쳤다. 태리는 이데아를 쫓아가려고 했지만, 눈앞에 펼쳐진 놀라운 광경에 다리가 움직이지 않았다.

건우의 탕후루가 커지고 있었다!

꼬치에 꽂힌 딸기와 귤이 부르르 떨리더니 부피가 점점 불어나기 시작했다. 주변 사람들의 입에서 탄성과 비명이 동시에 터져 나왔다.

바람이 불자 탕후루 꼬치가 크게 흔들거렸다. 태리가 건우와 함께 나무 꼬치를 붙잡았지만 버티기가 점점 힘들어졌다.

"건우야, 이러다 우리 팔이 부러지겠어! 내려놔!"

"안 돼, 내 탕후루!"

"빨리!"

탕후루는 결국 바닥으로 떨어졌다.

뿌연 먼지가 탕후루 주변으로 피어올랐다. 사람들은 눈을 껌벅이며 원래 크기에서 백 배는 더 커진 탕후루를 내려다봤다.

건우는 바닥에 철퍼덕 주저앉아 꼬치에 꽂힌 과일들을 뜯어 먹기 시작했다. 주변에 있던 아이들도 즐거운 비명을 지르며 탕후루 쪽으로 몰려들었다.

건우가 외쳤다.

"뭐 해, 태리야! 너도 빨리 먹어!"

"잠깐. 전화부터 하고!"

태리는 김상욱 아저씨의 휴대전화로 황급히 전화를 걸었다.

"아저씨! 여기 이데아가 나타났다가 C 구역 쪽으로 도망쳤어요! 어떻게 생겼냐고요? 음…… 크기는 아주 작았고요. 몸은 알록달록한 블록 같았어요. 그리고요, 붕어빵은 작아지고 탕후루가 엄청 커졌어요!"

알았어, 너희도 이쪽으로 와!

건우야, 얼른 가자!

헉

하지만 건우는 입가가 설탕 범벅이 된 채 탕후루를 먹느라 정신이 없었다. 건우의 얼굴을 보기만 해도 온몸이 끈적이는 듯한 기분이 들었다.

태리는 그런 건우를 바라보며 한숨을 내쉬었다.

2. 원자 구조의 비밀을 밝히다!

> **오늘의 연구 대상**

붕어빵이 갑자기 작아지고,
탕후루는 갑자기 엄청나게 커졌어.
원자에 무슨 일이 생긴 걸까?

> **오늘의 일지**

원자의 구조가 궁금해!

원자는 더 이상 쪼개지지 않는다고 했지? 그렇다면 원자는 어떤 구조로 이루어져 있을까? 태양계의 구조를 살펴보면 그 힌트를 얻을 수 있어. 태양계는 중심에 있는 태양과 우리가 사는 지구를 비롯한 여덟 개의 행성으로 이루어져 있어. 원자의 구조도 비슷해. **원자는 원자핵과 전자로 이루어져 있는데, 원자핵이 원자의 중심에 위치해 있고, 그 주변에 전자들이 있지.**

태양은 여덟 개의 전자를 가지고 있는 셈이지.

원자 안쪽은 어떻게 생겼을까?

원자가 발견된 이후, 원자 내부의 생김새를 알아내기 위해 많은 과학자들이 여러 종류의 실험을 해왔어. 그에 따라 많은 이론들도 등장했지. 그 결과, 과학자들은 **원자의 중심에는 원자핵이 있고, 그 주변을 전자가 돌고 있다는 걸 밝혀냈지**. 또, **원자핵이 양성자 등으로 구성되어 있다는 것**도 알아냈단다. 대단하지?

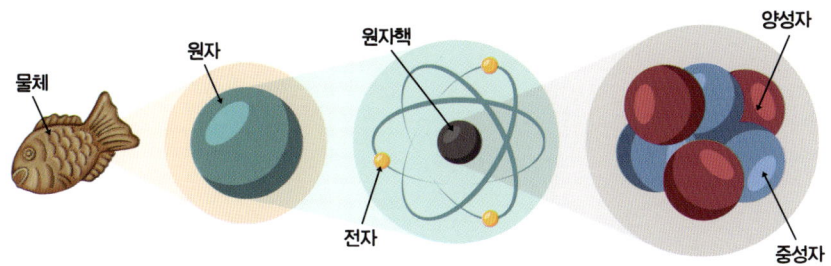

원자의 크기를 조절할 수 있다면?

원자 내부는 거의 비어 있어. **원자 중심에 있는 원자핵과 그 주변을 돌고 있는 전자 사이에는 아무것도 없지**. 그래서 만약 어떤 물체의 모든 원자핵과 전자 사이의 거리를 조절할 수만 있다면 원래의 크기보다 작거나 크게 만들 수 있어. 물론 상상 속에서만 가능한 일이지만 말이야!

오늘의 연구 결과

원자는 원자핵과 전자로 이루어져 있다!

건우, 태래 딴짓하지 말고 얼른 여기로 돌아와!

4

벼룩시장이 시끌시끌

전화를 끊은 김상욱 아저씨가 말했다.

"원자 이데아는 알록달록한 블록처럼 생겼고, 아주 작은 크기래. 또 어떤 특성이 있을까? 이럴 줄 알았으면 이데아 도감도 챙겨 오는 건데."

그러자 해나가 가방에서 낡은 노트를 꺼냈다.

"제가 혹시 몰라서 가져왔죠."

"이야, 역시 해나 너밖에 없다!"

둘은 머리를 맞대고 노트를 한 장씩 넘겼다. 해나가 그림이 찢어져 있는 부분을 가리켰다.

"이거 아닐까요?"

김상욱 아저씨가 손뼉을 쳤다.

"맞아, 원자를 영어로 '애텀(atom)'이라고 하거든. 밝고 시끄러운 음악을 좋아한다니 특이한 이데아네."

"중력 이데아 그라몽은 겁이 많고 소심한 성격이라 이데아 캔 속에서 안정감을 느꼈지만, 아토미는 그렇지 않아요. 호기심이 강한 성격이니 이데아 캔 속에서 지내기가 무척 답답했겠죠. 볼거리도 많고 시끌시끌한 축제장에 오니 호기심이 폭발해서 여기저기 돌아다니며 사고를 치는 거예요."

"그럴 의도는 없었겠지만 말이지. 태리 말로는 B 구역에서 음식들의 크기가 아주 커지거나 작아졌다고 했어. 아토미가 원자의 크기에 변화를 일으킨 모양이야."

"음식이 커졌다고요? 건우가 왜 안 오는지 알겠네요."

"태리가 아토미는 우리가 있는 C 구역으로 도망쳤다고 했어. 8센티미터면 아주 작은 크기야. 정신 바짝 차리고 아토미가 어디 있는지 찾아보자."

김상욱 아저씨는 이데아 캔을 힘주어 손에 쥐었다. 두 사람은 눈을 크게 뜨고 벼룩시장 구석구석을 살피며 돌아다녔다.

벼룩시장은 오래된 물건들에서 풍기는 퀴퀴한 냄새와 사람들로 가득했다. 헌 옷과 신발, 가방, 골동품, 장난감 등 더 이상 쓰지 않는 물건들을 가지고 나와 팔려는 사람들과 마음에 드는 물건을 고르고 있는 사람들이 눈에 들어왔다.

그때, 주변을 신중히 돌아보며 걷던 해나가 걸음을 멈췄다.

해나가 멈춘 곳은 책을 파는 천막이었다. 다양한 종류의 헌 책들이 깨끗한 천 위에 깔려 있었다. 아토미가 또 사고를 치기 전에 빨리 찾아야 한다는 것은 알고 있었지만 발걸음이 도저히 떨어지지 않았다.

이데아를 잡는 일만 아니었으면 책들을 하나하나 들춰 보고 읽어 보며 갖고 싶은 책을 골랐을 것이다. 그 자리를 떠나지 못하는 사람은 해나만이 아니었다. 김상욱 아저씨도 눈빛을 반짝이며 책 표지들을 훑고 있었다.

"아저씨도 책 좋아했어요?"
"당연하지. 지금도 아주 좋아해."
"그럼 잠깐만 보고 가면 안 돼요?"

처음 보는 해나의 간절한 표정 앞에 김상욱 아저씨도 결국 허락했다.

"좋아! 1분, 아니 딱 3분 만이다!"

두 사람은 자기들도 모르는 사이에 책에 흠뻑 빠져 들었다.

김상욱 아저씨는 해나가 어떤 책만 계속 만지작거리는 것을 보고 물었다.

"그 책이 마음에 드니?"

"네, 예전부터 읽고 싶었던 책이거든요. 이럴 줄 알았으면 지갑을 가져올걸."

"읽고 싶은 책은 읽어야지. 내가 사 줄게."

"진짜요? 감사합니다!"

김상욱 아저씨가 책을 파는 아주머니에게 물었다.

"이 책 얼마인가요?"

"원래 가격은 만 이천 원인데 삼천 원에 드릴게요."

좋아하는 책을 싸게 산다는 기쁨에 빠진 두 사람은 미처 눈치채지 못했다. 자신들의 뒤에 아토미가 나타났다는 것을. 김상욱 아저씨가 지갑을 찾는 동안 아토미의 손 위로 작은 블록이 떠올랐다. 아토미는 블록을 해나의 책에 던진 뒤 도망쳤다.

아무것도 눈치채지 못한 김상욱 아저씨는 아주머니에게 책값을 치렀다. 해나는 벌써 책을 펼치고 첫 장을 읽기 시작했다. 하지만 잠시 뒤, 해나의 비명이 울려 퍼졌다.

"안 돼!"

김상욱 아저씨도 비명을 질렀다.

"이게 무슨 일이야!"

책이 한 장씩 분리되기 시작한 것이다.

그러더니 인쇄되어 있던 글자가 종이에서 분리되어 공중으로 떠올랐다. 판타지 영화 같은 장면이 두 사람의 눈앞에서 펼쳐지고 있었다. 해나는 사랑하는 책을 어떻게든 구해 보려고 종이와 글자를 향해 손을 허우적거렸다. 하지만 글자는 순식간에 자취를 감추었고, 종이는 실처럼 분해되더니 가루가 되어 바닥에 떨어졌다.

두 사람은 눈을 껌벅이며 바닥을 내려다봤다. 이윽고 책은 완전히 사라져 있었다.

"내 삼천 원……."

"내 책……."

"아토미의 짓이야. 세상 모든 물질은 원자로 되어 있다고 말했지? 물질을 쪼개서 원자 단위로 만들어 버렸어. 그래서 우리 눈에 더 이상 보이지 않는 거고. 책은 내가 다시 사 줄……."

해나를 쳐다본 김상욱 아저씨는 흠칫 놀랐다. 소중한 책을 잃어버린 해나의 눈은 분노로 이글거리고 있었다.

"잡히기만 해 봐……. 빨리 아토미를 찾으러 가요!"

두 사람의 발걸음이 다급해졌다.

몇 걸음도 채 떼지 않았는데, 어떤 천막 앞에 사람들이 특히 많이 몰려 있었다. 가까이 가 보니 난처한 얼굴을 한 부모들과 울거나 떼쓰는 아이들이 보였다.

그 천막은 달고나를 파는 곳이었다. '추억의 달고나. 그려진 선대로 자르면 하나 더!'라고 쓰인 플래카드가 달려 있었다.

하지만 달고나를 팔던 아저씨는 아이들을 달래느라 진땀을 빼고 있었다. 부모들은 빨리 환불해 달라며 아우성을 쳤다.

사람들이 하는 말을 들어보니 이 모든 일들의 이유는 달고나가 하나같이 흐물거리기 때문이었다. 선대로 잘라야 달고나를 하나 더 받을 텐데 달고나가 단단하지 않으니 당연히 선대로 자를 수 없었다. 사람들이 불만을 갖는 것도 당연했다.

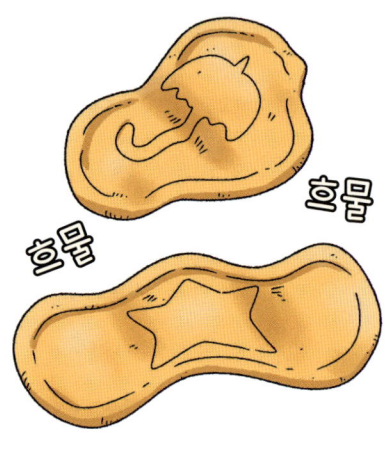

달고나 아저씨가 말했다.

"도대체 이유를 모르겠네. 날이 덥지도 않은데 달고나가 왜 녹았을까."

해나가 물었다.

"아저씨, 이것도 아토미의 짓일까요?"

김상욱 아저씨는 뭉게구름이 떠다니는 하늘을 올려다봤다. 바람이 살랑살랑 부는 선선한 봄 날씨였다.

"응. 달고나 아저씨의 말대로 달고나가 녹아 버릴 날씨는 아니야. 단단했던 달고나가 갑자기 녹았다는 건 아토미가 원자의 결합 구조를 바꿨다는 뜻이지."

"아까는 제 책을 원자 단위로 쪼개 버렸고요."

저쪽에서 또 다른 아우성이 들렸다.

반지와 귀걸이, 목걸이 등 다양한 장신구를 파는 가판대 앞에서 한 아주머니가 발을 구르고 있었다.

아주머니가 다이아몬드 목걸이를 김상욱 아저씨의 얼굴 앞에 흔들었다. 반짝거리는 다이아몬드가 박혀 있어야 할 부분에 시커먼 돌덩이가 붙어 있었다.

"제가 잠깐 봐도 될까요?"

김상욱 아저씨는 목걸이를 가져가 자세히 살펴보고 냄새도 맡아 보았다.

"이건 아무래도 흑연 같은데요."
"아이고, 내 다이아몬드! 도둑이 다이아몬드를 훔쳐 가고 흑연을 끼워 놨나 봐요."
아주머니는 옷소매를 걷어붙이더니 진행 요원에게 뛰어갔다.

"축제장에 도둑이 있어요!"
해나가 도저히 모르겠다는 얼굴로 물었다.
"저 아주머니가 뭘 착각한 게 아닐까요? 다이아몬드가 갑자기 흑연이 될 리가 없잖아요."
"연필심의 재료인 흑연과 보석인 다이아몬드는 둘 다 '탄소'로 이루어져 있어. 탄소 원자가 어떻게 결합되느냐에 따라 흑연이 되거나 다이아몬드가 되지. 도둑이 아니라 아토미의 짓이 분명해. 달고나가 갑자기 녹아 버린 현상처럼 원자의 결합 구조에 문제가 생긴 거야."

"아저씨! 해나야!"

그때, 저쪽에서 건우와 태리가 나타났다. 두 아이의 입가에는 끈적거리는 것들이 붙어 있었다.

김상욱 아저씨가 잔소리 폭탄을 퍼부으려던 순간, 스피커에서 안내 방송이 흘러나왔다.

"A 구역에서 진행되던 요리 경연 대회는 특수한 사정으로 중단되었습니다. B 구역과 C 구역에서도 예상치 못한 사고들이 발생해 원인을 찾고 있습니다. D 구역은 정상 운영 중이니 방문객 여러분의 많은 이용 부탁드립니다."

사람들이 투덜거리며 놀이기구들이 있는 D 구역 쪽으로 걸어갔다. 해나는 건우와 태리에게 이데아 도감에서 찾은 내용을 들려주었다.

태리가 말했다.

"아토미도 D 구역으로 갔을까요? 그랬다면 사람들이 많아서 잡기 힘들 텐데."

해나는 D 구역 쪽에서 들려오는 경쾌한 음악 소리에 귀를 기울였다. 이데아 도감에 나온 것처럼 아토미가 밝고 시끄러운 음악을 좋아한다면 분명히 그쪽으로 갔을 것이다. 작아서 눈에 잘 띄지 않는 데다 가는 곳마다 소란을 일으키는 아토미를 어떻게 잡아야 할까. 뭔가 기발한 방법이 없을까.

해나는 여전히 옥신각신 중인 두 사람에게 말했다.

"우리도 가요, D 구역으로."

3. 원자의 성질은 어떻게 결정될까?

> 오늘의 연구 대상

이상한 일은 끊이지 않고 있어.
달고나는 녹아 버리고, 다이아몬드 목걸이는 흑연이 되어버렸지.
원자의 성질은 어떻게 결정되는 걸까?

> 오늘의 일지

원자핵! 내가 결정한다!

세상에는 많은 종류의 원자들이 있고, 각각은 모두 **고유한 특성을 가지고 있어.** 어떤 원자는 매우 가벼워서 공기 중으로 잘 날아가지만, 어떤 원자는 매우 불안정해서 핵폭탄의 재료가 되기도 해.

이런 원자의 종류별 특징은 어떻게 결정될까? 간단해. 바로 **원자핵 내부에 있는 양성자의 개수에 따라** 결정되는 거야. 예를 들어, 양성자가 한 개면 수소, 두 개면 헬륨, 세 개면 리튬이 되는 거지.

원자 안에 원자핵이 있고, 원자핵 안에 양성자가 있는 거야!

결합 구조도 중요해!

두 물체가 같은 종류의 원자로 이루어졌다면 같은 성질을 가질까?

둘 다 탄소 원자로 이루어진 흑연과 다이아몬드를 살펴보자. 흑연은 주변에서 흔히 볼 수 있는 연필심에 쓰이지만, 다이아몬드는 매우 귀해서 값비싸게 거래되지. 또, 흑연은 글씨를 쓸 수 있을 정도로 무르지만, 다이아몬드는 매우 단단해서 잘 깨지지 않아. 왜 이런 현상이 생기는 걸까?

답은 결합 구조에 있어. 흑연은 탄소가 책받침처럼 평평한 모양으로 결합되어 있는 반면, 다이아몬드는 주사위처럼 정육면체 모양으로 결합되어 있어서 서로 다른 성질을 가지는 거야.

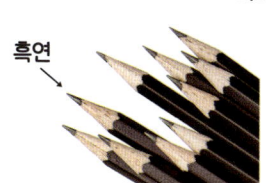

원자의 합체!

서로 다른 두 원자가 합쳐지면 각각의 원자에게는 없던 새로운 특성이 생기기도 해. 나트륨과 염소 원자가 합쳐진 소금이 가장 쉬운 예시야.

나트륨은 물과 만나면 폭발하지만, 소금은 물에 쉽게 녹아버리지. 염소는 함부로 냄새를 맡았다가는 크게 다칠 수 있을 정도로 강한 독성을 가지고 있지만, 소금은 아무 냄새도 나지 않아. 위험한 두 원자가 합쳐져서 짠맛을 내는 소금이 된 거야. 이렇듯 **원자가 서로 합쳐지면 원래 없던 새로운 특성이 생기기도 해.**

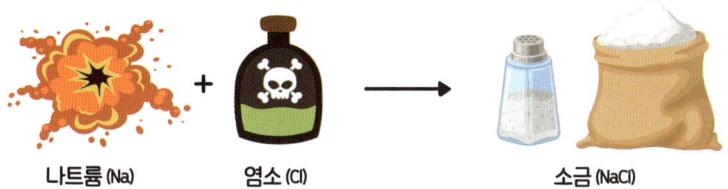

> **오늘의 연구 결과**
>
> 원자는 양성자의 개수에 따라 다른 특성을 가진다.

 얼른 D 구역으로 가보자!

5 엉망진창 놀이 구역 소동

김상욱 아저씨와 아이들의 눈앞에 지금까지 본 것과는 비교도 안 되는 D 구역의 화려한 광경이 펼쳐졌다. 한가운데 설치된 분수를 중심으로 다양한 놀이기구들이 그 주변을 둘러싸고 있었다.

흥겨운 음악을 내뿜으며 앞뒤로 움직이는 미니 바이킹, 원을 그리며 천천히 돌고 있는 미니 관람차와 제법 큰 크기의 회전목마가 보였다. 회전목마 옆에 설치된 알록달록한 꼬마 기차에서는 아이들의 신나는 함성이 들려왔다.

가장 눈에 띄는 것은 거대한 에어바운스였다. 누워 있는 거인의 모습을 한 에어바운스 위에서 아이들이 뛰어오르고 달리며 즐거운 시간을 보내고 있었다. 아이들의 천진난만한 모습과 부모들의 흐뭇한 표정에 김상욱 아저씨의 가슴은 무겁게 가라앉았다. 어느 구역보다 아이들이 많은 곳이다. 아토미가 사고라도 치면 아이들이 위험해질지도 모른다.

김상욱 아저씨의 머릿속에 중력 이데아가 숨어 있던 집이 자연스레 떠올랐다. 태리 말이 맞다. 텅 빈 집에서도 이데아를 찾기가 힘들었는데 이곳은 훨씬 넓고 사람들로 바글거린다. 게다가 아토미는 쉽게 보이지도 않는 크기다.

"무슨 방법이 없을까. 그나저나 건우는 어딨니?"

"저기 있네요."

해나가 팔을 들어 한 곳을 가리켰다. 마술사 옷을 입고 키높이 구두를 신은 남자가 아이들에게 다양한 모양의 풍선을 나누어 주고 있었다. 칼 모양, 강아지 모양, 꽃 모양 등등. 줄을 선 아이들은 설레는 얼굴로 자신의 차례가 오기를 기다렸다. 풍선을 받은 아이들은 밝은 웃음을 터뜨리며 엄마 아빠에게 달려갔다.

우와

저도요!

지금 풍선이나 받을 때야! 당장 데려와!

버럭

해나가 한숨을 쉬며 건우에게 걸어가던 순간, 아토미도 풍선 아저씨에게 다가가고 있었다. 알록달록한 풍선들의 모습에 아토미의 눈이 반짝였다.

"야, 김건우. 아저씨가 오래."

"조금만 기다려. 이제 내 차례란 말이야. 아저씨, 저는 권총 모양 만들어 주세요!"

풍선 아저씨는 기다란 풍선을 이리저리 돌리며 순식간에 권총 풍선을 만들어 냈다. 그때, 아토미가 건우의 풍선에 블록을 던졌다. 풍선은 순식간에 쪼그라들었다.

"어라? 이게 뭐예요!"

"미안, 풍선에 구멍이 났나? 다시 만들어 줄게."

풍선 아저씨는 가방에서 새 풍선을 꺼내 다시 권총 풍선을 만들었다. 아토미는 건우의 풍선에 다시 한번 블록을 던졌다.

건우가 소리쳤다.

"에이, 또 그러잖아요!"

풍선 아저씨의 이마에서 진땀이 솟았다. 김상욱 아저씨가 다가와 쪼그라든 풍선을 들여다봤다. 아무리 살펴봐도 찢어지거나 구멍 난 곳은 없어 보였다.

해나가 속삭였다.

"이것도 아토미 때문이에요?"

"풍선을 팽팽하게 채우는 공기는 다양한 기체가 섞인 혼합물이야. 질소와 산소가 공기의 대부분을 차지하는데……."

"그런데요?"

"아토미가 공기 속 원자들의 속도를 느리게 만들었다면 이런 일이 생길 수도 있지."

그때, 갑자기 태리가 김상욱 아저씨의 팔을 붙잡았다.

"아저씨, 움직이지 마세요."

"왜?"

"풍선 아저씨 다리 옆에…… 아토미가 있어요."

김상욱 아저씨는 꼼짝도 하지 않은 채 눈길을 내리깔았다. 아토미와 김상욱 아저씨의 눈이 마주쳤다.

김상욱 아저씨의 외침에 아토미가 뛰기 시작했다. 태리가 쏜살같이 달려갔지만, 사람들이 많아서 빠르게 따라갈 수가 없었다. 김상욱 아저씨도 이데아 캔을 꺼내 들고 아토미를 쫓았다.

"어디로 갔니?"

"저기예요!"

흘깃 뒤를 돌아본 아토미는 사람들의 다리 사이로 요리조리 빠져나가 광장 가운데 있던 분수로 뛰어들었다.

분수는 동그란 석고 틀 안에 고인 물 위로 가느다란 물줄기를 떨어뜨리고 있었다.

해나가 물었다.

"아저씨, 물도 원자로 만들어져 있어요?"

"이 세상 모든 것은 원자라고 했지? 물은 수소 원자 두 개와 산소 원자 한 개로 이루어져 있어."

물속에서는 김상욱 아저씨의 이데아 캔을 발견한 아토미가 눈썹을 꿈틀댔다.

그 순간, 믿을 수 없는 일이 다시 한번 벌어지기 시작했다. 아토미가 블록을 물속에 던지자 잔잔했던 물이 요동치더니 동그랗고 큼직한 물방울들로 변했다. 아토미는 석고 틀 위로 뛰어올라 김상욱 아저씨와 아이들에게 물방울을 마구 던지기 시작했다.

　김상욱 아저씨와 아이들은 고개를 숙인 채 쉬지 않고 날아오는 물 폭탄을 피했다.
　아토미의 물세례가 잠잠해지자, 태리가 고개를 들었다.
"사라졌어요. 다른 곳으로 갔나 봐요!"
　김상욱 아저씨가 투덜거리며 젖은 옷을 쥐어짜는 동안, 머리 위로 어두운 그림자가 드리우기 시작했다.
　해나가 위쪽을 가리키며 말했다.
"저기요, 아저씨."
"가만 좀 있어 봐! 혹시 휴지나 손수건 있는 사람? 고추장에 물이 들어가지는 않았겠지?"

"거인이 아저씨를 덮치려고 하는데요."

"해나야, 왜 너까지 엉뚱한 소리야. 여기 거인이 어디 있니?"

"아저씨 뒤에요."

뒤를 돌아본 김상욱 아저씨의 눈이 휘둥그레졌다.

거인의 형상을 하고 있는 에어바운스. 금세라도 터질 듯 부풀어 오른 거인이 김상욱 아저씨의 뒤에 우뚝 서 있었다.

해나가 고개를 갸웃했다.

"지금 이 현상은 에어바운스 안에 있던 공기 속 원자의 속도가 빨라졌기 때문일까요?"

"나도 몰라, 도망쳐!"

김상욱 아저씨와 아이들은 공포에 질린 눈으로 거인을 피해 달리기 시작했다. 아이들의 웃음소리로 가득했던 D 구역은 이제 사람들이 내지르는 비명과 다급한 발걸음 소리로 가득했다. 거인의 몸은 점점 크게 부풀어 올랐다.

빵!

마침내 귀를 찢는 소리와 함께 거인의 몸이 터졌다. 사람들의 머리 위로 에어바운스의 천 조각들이 흩날렸다.

스피커에서 또다시 안내 방송이 울려 퍼졌다.

"안전 문제로 햇빛 마을 축제의 모든 구역을 폐쇄합니다. 방문객 여러분께서는 진행 요원의 안내에 따라 천천히 대피해 주시기를 바랍니다. 다시 한번 말씀드립니다. 안전 문제로 햇빛 마을 축제는 예정된 시간보다 일찍 폐장합니다."

건우가 발을 굴렀다.

"이게 뭐야! 제대로 놀지도 못했는데!"

"쉿! 이쪽으로 와!"

김상욱 아저씨는 아이들을 바이킹 뒤쪽으로 데려갔다. 다들 길가에 쪼그려 앉아 놀란 가슴을 진정시켰다. 축제 곳곳을 촬영하던 방송국 사람들도 장비를 정리하기 시작했다.

태리가 시무룩하게 말했다.

"아저씨, 이제 어떻게 해요? 아토미를 어떻게 잡아요?"

해나가 말했다.

"음악. 아토미는 신나는 음악을 좋아하잖아요. 축제가 이대로 끝나면 흥미를 잃고 이동할지도 모르니 꼭 여기에서 잡아야 해요. 아토미가 축제장을 떠나기 전에 음악으로 유인해 보죠."

김상욱 아저씨는 생각에 잠겼다. 아토미를 유인한다고 해도 그다음이 문제였다. 아토미가 이데아 캔 속으로 순순히 들어갈 리 없다. 이데아 캔을 분해하는 일은 아토미에게는 식은 죽 먹기다. 이데아 캔이 사라지면 아토미를 잡을 방법이 없다.

다른 장치가 필요하다.

김상욱 아저씨가 마침내 입을 열었다.

"해나 말대로 일단 신나는 음악으로 아토미를 유인하자. 그다음에는 실제로 원자를 포획하는 장치를 살짝 변형한 방법을 쓸 거야. 매우 복잡한 장치이지만 일단 포획하려는 원자를 진공 상태에 넣어서 다른 원자들과 구분해야 해. 아토미가 나타나면 대형 진공청소기로 빨아들인 다음 이데아 캔으로 포획하자."

태리가 물었다.

"신나는 음악은 어떻게 틀죠? 휴대전화로?"

"그 정도로 되겠냐? 저쪽에 들어가면 무슨 장치가 있지 않을까요? 지나갈 때 보니까 기계 같은 게 많던데."

건우가 하얀색 천막을 가리키며 말했다.

김상욱 아저씨는 가로등에 달린 스피커를 올려다봤다. 제어실에서 스피커들로 음악이나 방송을 내보내면 된다.

"좋아! 기계라면 내가 전문이지."

해나가 물었다.

"대형 진공청소기는 어디에서 구해요? 축제장에 그런 게 있을까요?"

아이들은 지금까지 다녔던 곳을 더듬어 봤지만, 진공청소기를 봤던 기억은 떠오르지 않았다.

김상욱 아저씨가 씩 웃으며 말했다.

"걱정하지 말렴. 우리를 도와줄 사람이 있잖니."

괴팍욱 박사의 비밀 연구 일지

4 원자의 크기는 얼마나 될까?

오늘의 연구 대상

에어바운스가 갑자기 커지더니
우리를 향해 달려오기 시작했어! 무서워라.

그런데 원래 원자가 저렇게 컸었나?!

오늘의 일지

원자의 크기는 얼마나 작을까?

    세상의 모든 물질은 원자로 이루어져 있다고 했어. 그런데 너희들 혹시 이렇게 중요한 원자를 눈으로 본 적 있니? 원자를 맨눈으로 관찰해 본 사람은 없을 거야. **원자의 크기는 매우 작기 때문**이지.

    원자의 지름의 크기를 알면 원자가 얼마나 작은지 알 수 있겠지? **원자의 지름은 100억 분의 1미터** 정도로 매우 작아. 원자핵은 이보다 훨씬 더 작은데, **원자 지름의 10만 분의 1 정도**밖에 안 되지.

내 몸이 100억 배나 커지면 얼마나 커지는 걸까?

다른 물체의 크기와 비교해 보자!

100억분의 1미터라니! 이렇게 말하니까 얼마나 작은지 잘 상상이 되지 않지? 원자의 크기를 우리에게 익숙한 물체들과 비교해 볼 테니 두 눈 크게 뜨고 살펴보자!

원자　　　　　　탁구공　　　　　　　　지구

원자를 1억 배 키우면 탁구공 크기가 돼. 이래도 잘 모르겠다고? 그럼 이렇게 해보자. 탁구공을 똑같이 1억 배 키우면 지구 크기가 돼. 원자가 얼마나 작은지 이제 이해가 되지? 그럼, 원자 내부에 있는 원자핵과 전자는 얼마나 더 작은지도 살펴보자.

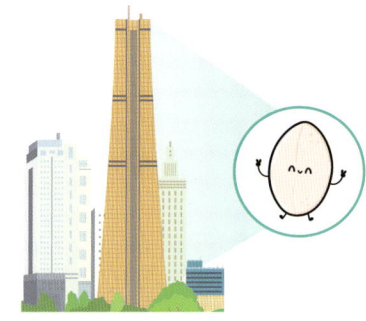

축구장이 원자라면 원자핵은 축구장 한가운데에 있는 개미 한 마리 크기와 같아.

63빌딩에 있는 원자핵과 전자를 모두 따로 떼어서 모아도 쌀 한 톨 크기밖에 안 돼.

> **오늘의 연구 결과**
>
> **원자의 크기는 100억 분의 1미터로 매우 작다!**
>
> 이젠 내가 누구를 부를지 당연히 알겠지?

6

나와라, 아토미!

반짝이는 검은색 밴이 D 구역으로 들어왔다. 운전석에서 내린 벨라 요원이 주변을 둘러봤다. 김상욱 아저씨와 아이들은 바이킹 뒤에서 나와 벨라 요원을 향해 손을 흔들었다.

"지난번에는 튜브와 풀장을 가져오라더니 이번에는 진공청소기인가요? 필요한 물건이 있으면 미리미리 말씀하세요. 저도 바쁜 사람입니다. 그리고 나 아줌마 아니라고!"

아줌마라는 소리를 극도로 싫어하는 벨라 요원은 쌀쌀맞은 얼굴로 짐칸에서 대형 진공청소기와 무전기, 쌍안경을 내려놓았다.

"축제장에 이데아가 나타날 줄은 저희도 몰랐습니다. 아이들도 이데아를 잡으려고 얼마나 고생했는데요."

"이번에는 무슨 이데아죠?"

"아토미입니다. 아토미가 좋아하는 음악으로 유인한 뒤에 진공청소기로 빨아들일 계획이에요."

"아토미라면 원자……."

벨라 요원은 움찔하며 입을 다물었다.

이데아 수호 협회의 특수요원도 놀라는 걸 보니 역시 강력한 이데아이긴 한 모양이었다.

김상욱 아저씨가 진행 요원들을 흘끔거리며 속삭였다.

"아시다시피 이데아는 비밀리에 잡아야 하는데 보시듯이 아직 진행 요원들이 남아 있어요. 연막탄으로 진행 요원들을 유인해 축제장 밖으로 내보내 주시면 그때 이데아를 잡겠습니다."

벨라 요원은 마땅찮은 표정이었지만 곧 밴에 올랐다.

"제가 출발하면 진행 요원들에게 축제장 입구 쪽에서 사고가 났다고 하세요. 그럼, 포획에 성공하시길!"

검은색 밴이 출발하자 건우가 진행 요원들에게 달려갔다.

"큰일 났어요! 축제장 입구 쪽에서 사고가 났대요."

저 멀리에서 보라색 연기가 피어오르는 모습이 보였다.

진행 요원들이 입구를 향해 뛰어가자, 김상욱 아저씨는 아이들의 머리에 무전기를 씌워 주고 쌍안경을 나누어 주었다. 그러고는 진공청소기의 호스에서 바닥 흡입구를 뽑았다.

"D 구역의 스피커는 바이킹 옆과 분수 옆에 있어. 내가 제어실에서 음악을 틀 테니까 건우는 바이킹 옆에, 해나와 태리는

분수 옆에 숨어서 아토미가 나타나는지 지켜봐. 아토미가 나타나면 태리가 몰래 다가가서 진공청소기로 빨아들이고, 해나는 먼지 통 속에 갇힌 아토미를 이데아 캔으로 포획하는 거야. 아토미가 주변에 있는 물질을 변형시키기 전에 이 모든 일이 실수 없이 빠르게 이루어져야 해. 질문 있는 사람?"

건우가 손을 들었다.

"그 고추장 단지는 내려놓으시면 어떨까요? 걸리적거려서 이데아를 잡겠어요?"

"그래. 나도 허리가 아파서 더는 못 들고 다니겠다."

김상욱 아저씨는 아기띠를 풀고 고추장 단지를 바이킹 옆에 내려놓았다. 미니 관람차에서 망원경으로 그 모습을 지켜보던 블랙과 화이트는 소리 없는 환호성을 지르며 주먹을 휘둘렀다.

소중한 고추장을 노리는 악당들이 있다는 사실은 꿈에도 모른 채 김상욱 아저씨는 제어실 천막으로 들어갔다. 검은 기계판에 수많은 버튼과 레버들이 달려 있었지만, 다행히 각 장치마다 설명이 붙어 있었다.

　김상욱 아저씨는 우선 A, B, C 구역의 스피커를 껐다. 아토미를 D 구역으로 유인해야 한다.

그때, 무전기에서 태리의 목소리가 들렸다.

"아저씨, 음악은요?"

"기다려 봐. 곧 틀게."

김상욱 아저씨는 기계를 다시 살펴봤지만 '음악'이라고 쓰인 버튼은 어디에도 없었다.

이번에는 건우가 김상욱 아저씨를 재촉했다.

"뭐 하시는 거예요, 음악은 언제 나와요?"

"기다리라고 했잖아!"

빨리 음악으로 유인하지 않으면 아토미는 축제장을 떠날지도 모른다. 기계 판에 달린 작은 모니터를 켜 봤지만, 음악은 나오지 않았다. 마이크 버튼을 눌러도 마찬가지였다. 가슴이 조여 오며 식은땀이 솟아나기 시작했다.

"얘들아, 어떡하지. 마이크 버튼은 있는데 음악은 어디에서 트는지 모르겠어!"

해나가 말했다.

"할 수 없죠. 마이크 버튼을 누르고 노래를 부르세요."

"내가?"

"그 안에 있는 사람은 아저씨밖에 없잖아요. 아, 신나는 노래여야 하는 건 아시죠?"

제어실 안에 김상욱 아저씨의 한숨이 흩어졌다. 다행히 자신의 노래를 듣는 건 아이들밖에 없다. 부끄러움은 나중의 일. 일단 아토미를 유인해야 한다. 김상욱 아저씨는 결심한 듯 마이크에 입을 댔다.

바깥에 있던 아이들은 귀를 틀어막았지만, 김상욱 아저씨는 어느새 자신의 노래에 흠뻑 취해 있었다. 어깨를 들썩이게 하는 흥겨운 애니메이션 주제곡이 김상욱 아저씨의 목소리로 D 구역에 울려 퍼졌다.

얼마나 지났을까. 모두의 무전기에서 건우의 다급한 목소리가 들렸다.

"아토미가 나타났어요, 바이킹 쪽이에요! 얘들아, 빨리 와!"

신나는 노랫소리에 이끌린 아토미가 드디어 모습을 드러냈다. 아토미는 입가에 미소를 띤 채 스피커 쪽으로 미끄러지듯 나아갔다.

무거운 진공청소기를 번쩍 든 태리가 아토미를 향해 놀라운 속도로 뛰어갔다. 진공청소기가 내뿜는 윙윙 소리가 김상욱 아저씨의 노랫소리와 함께 모두의 귓가를 시끄럽게 때렸다. 아토미의 놀란 표정이 사라지기도 전에 아토미는 진공청소기의 호스 안으로 빨려 들어갔다.

김상욱 아저씨와 아이들의 관심이 아토미에게 쏠린 사이, 블랙과 화이트도 외쳤다.

"우리도 절대 안 놓쳐!"

마침내 블랙과 화이트가 고추장 단지를 낚아챘다. 그리고는 단지를 품에 안은 채 축제장 입구를 향해 냅다 뛰기 시작했다.

해나가 뒤를 돌아보며 말했다.

"방금 뭐가 지나가지 않았어요?"

"아토미에게 집중해야지! 이데아 캔을 준비해!"

건우는 먼지 통 속에 갇힌 아토미를 신기하게 쳐다봤다.

"엄청 작은데 대단한 녀석이네. 야, 아토미! 대왕 탕후루 고마웠어! 다음엔 대왕 떡볶이도 부탁해."

김상욱 아저씨가 서둘렀다.

"빨리 움직이자! 먼지 통을 빼서 뚜껑을 열면 이데아 캔을 갖다 대는 거야."

하지만 김상욱 아저씨가 진공청소기에 손을 대려던 순간, 믿을 수 없는 광경이 펼쳐졌다. 진공청소기가 순식간에 분해되어 바닥에 떨어졌다. 수백 개의 퍼즐 조각이 붙어 있던 퍼즐 판에서 퍼즐들이 한꺼번에 쏟아진 듯했다. 아토미는 산산이 부서진 진공청소기 조각들 사이에 선 채 김상욱 아저씨와 아이들을 올려다봤다. 호기심으로 빛나던 검은 눈동자는 차갑게 식어 있었다. 치켜 올라갔던 입꼬리도 일그러졌다.

5 많고 많은 원자의 종류

오늘의 연구 대상

김상욱 아저씨의 엄청난(?) 노래 실력 덕분일까?
일단 원자 이데아를 잡는 데 성공했어!
그런데 원자에는 어떤 종류가 있는지 궁금하지 않니?

오늘의 일지

주기율표라고 들어봤니?

세상에는 얼마나 많은 원자들이 있을까? 원자핵 안에 있는 양성자의 개수에 따라 원자의 종류가 결정된다고 했으니까 무한히 많은 원자가 존재할까? 그렇다면 신기한 일이 많이 벌어졌겠지만, 아쉽게도 지금까지 **118개의 원자만이 발견**됐어.

언젠가 아직 발견되지 않은 원자들이 발견되는 날이 오겠지? 그리고 이 118개의 원자를 보기 쉽게 정리한 표가 바로 주기율표야!

단 118개의 원자가 이 모든 세상을 이루고 있다!

주기율표를 살펴보자.

주기율표는 원자들을 구분하기 쉽게 **양성자의 개수와 그 성질에 따라 배열한 표**야. 양성자가 한 개인 수소가 1번 원자, 두 개인 헬륨이 2번 원자, 세 개인 리튬이 3번 원자가 되는 거지. 원자들의 규칙성을 찾고 그 특징을 체계화한 표이기 때문에 표에서 위치만 보고도 해당 원자가 어떤 성질을 가지고 있는지 알아낼 수 있어.

1 H 수소																	2 He 헬륨
3 Li 리튬	4 Be 베릴륨											5 B 붕소	6 C 탄소	7 N 질소	8 O 산소	9 F 플루오린	10 Ne 네온
11 Na 나트륨	12 Mg 마그네슘											13 Al 알루미늄	14 Si 규소	15 P 인	16 S 황	17 Cl 염소	18 Ar 아르곤
19 K 칼륨	20 Ca 칼슘	21 Sc 스칸듐	22 Ti 타이타늄	23 V 바나듐	24 Cr 크로뮴	25 Mn 망가니즈	26 Fe 철	27 Co 코발트	28 Ni 니켈	29 Cu 구리	30 Zn 아연	31 Ga 갈륨	32 Ge 저마늄	33 As 비소	34 Se 셀레늄	35 Br 브로민	36 Kr 크립톤
37 Rb 루비듐	38 Sr 스트론튬	39 Y 이트륨	40 Zr 지르코늄	41 Nb 나이오븀	42 Mo 몰리브덴	43 Tc 테크네튬	44 Ru 루테늄	45 Rh 로듐	46 Pd 팔라듐	47 Ag 은	48 Cd 카드뮴	49 In 인듐	50 Sn 주석	51 Sb 안티모니	52 Te 텔루륨	53 I 아이오딘	54 Xe 제논
55 Cs 세슘	56 Ba 바륨	57-71 란타넘족	72 Hf 하프늄	73 Ta 탄탈럼	74 W 텅스텐	75 Re 레늄	76 Os 오스뮴	77 Ir 이리듐	78 Pt 백금	79 Au 금	80 Hg 수은	81 Tl 탈륨	82 Pb 납	83 Bi 비스무트	84 Po 폴로늄	85 At 아스타틴	86 Rn 라돈
87 Fr 프랑슘	88 Ra 라듐	89-103 악티늄족	104 Rf 러더포듐	105 Db 더브늄	106 Sg 시보귬	107 Bh 보륨	108 Hs 하슘	109 Mt 마이트너륨	110 Ds 다름슈타튬	111 Rg 뢴트게늄	112 Cn 코페르니슘	113 Nh 니호늄	114 Fl 플레로븀	115 Mc 모스코븀	116 Lv 리버모륨	117 Ts 테네신	118 Og 오가네손

원자번호 → 14
원소기호 → Si
이름 → 규소

- 비금속
- 알칼리 금속
- 알칼리 토금속
- 비활성 기체
- 할로겐
- 전이 금속
- 전이 후 금속
- 준금속
- 란타넘족
- 악티늄족

오늘의 연구 결과

원자들을 알아보기 쉽게 배열한 표가 주기율표!

 우리 큰일 난 것 같은데…. 일단 도망치자!

7

화난 아토미를 잡아라!

김상욱 아저씨와 아이들은 천천히 뒷걸음쳤다. 아토미의 몸 색깔이 빨갛게 변하면서 크기도 커지기 시작했다. 그 모습을 바라보는 일행의 몸은 공포로 얼어붙었다. 어른 키만큼 자라난 아토미가 두툼해진 손바닥을 펼쳤다. 양손에서 블록 조각이 하나씩 솟아올랐다. 아토미가 바이킹과 나무를 향해 블록들을 던지자, 순식간에 조각조각 분해됐다.

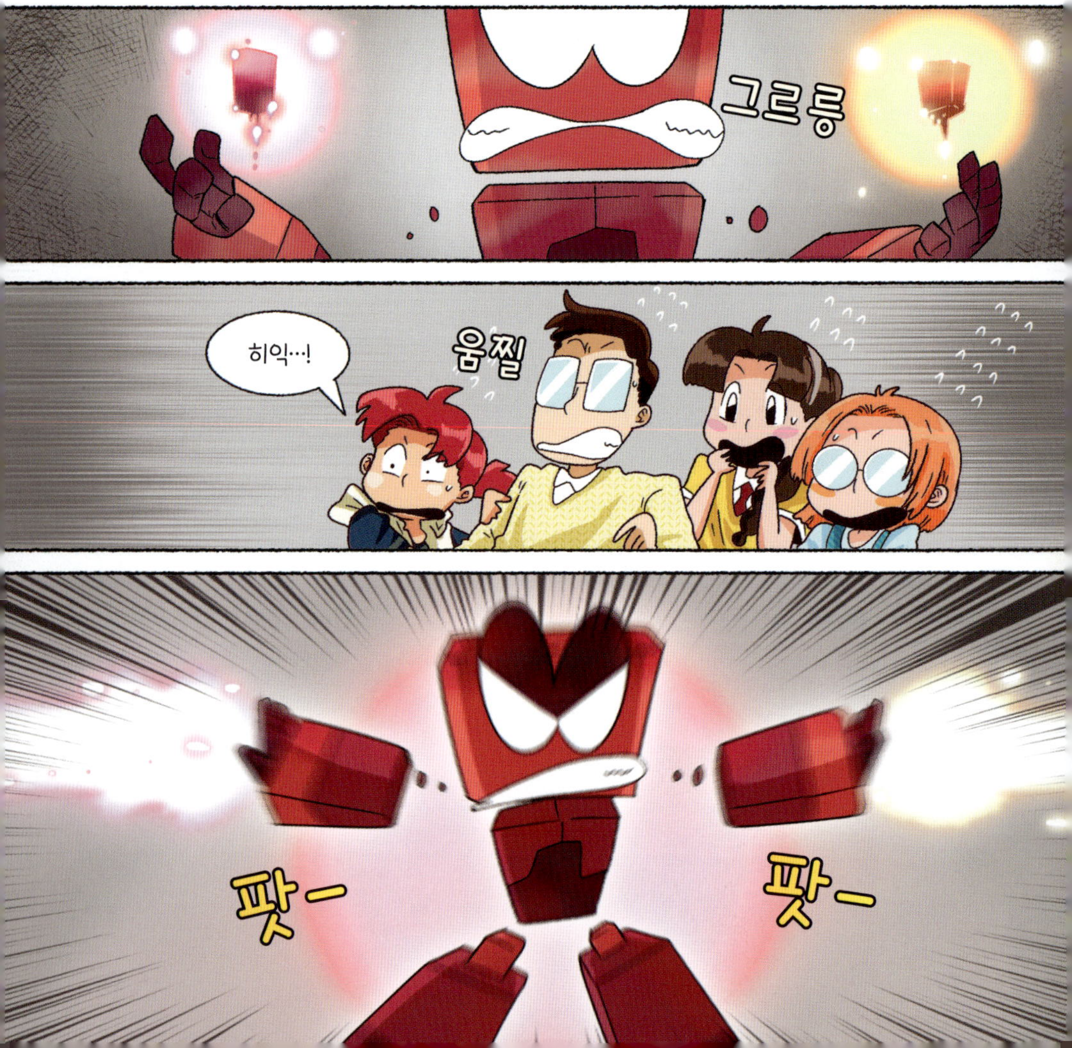

"애들아, 뛰어!"

김상욱 아저씨와 아이들은 입구를 향해 온 힘을 다해 뛰기 시작했다.

"김건우, 빨리 좀 뛰어!"

"난 원래 빨리 못 뛰어요!"

결국 김상욱 아저씨는 헉헉대는 건우를 질질 끌고 가다시피 했다. 아토미는 쿵쿵거리며 그들을 쫓아왔다.

아토미의 블록에 맞기라도 하면 사람의 몸도 산산조각이 날 것이다. 하지만 아토미가 축제장 밖으로 나간다면 더 많은 사람들이 다친다.

김상욱 아저씨는 필사적으로 머리를 굴렸다. 진공청소기만으로 강력한 원자 이데아를 잡을 수 있다고 생각했다니. 하지만 어떻게든 이 안에서 아토미를 잡아야 한다.

원자 포획 장치의 원리를 생각해 보자. 일단 진공 상태에 원자를 넣고, 그다음에 자기장이 필요하고, 또 뭐가 있었지……

하지만 마을 축제장에 레이저 장비가 있을 리 없다. 레이저를 대신할 만한 것은 없을까.

김상욱 아저씨가 아이들에게 외쳤다.

"빛! 빛이 필요해! 원자는 강한 빛을 받으면 움직일 수 없어. 그러니 아토미도 잠시 마비 상태로 만들 수 있을 거야!"

하지만 김상욱 아저씨는 고개를 저었다.

"아냐, 그걸로는 부족해!"

그때, 건우가 헉헉거리며 말했다.

"방송국 사람들이 가지고 있던 조명요! 요리 경연 대회에서 인터뷰했을 때 엄청 눈부셨거든요. 아까 보니까 B 구역 쪽으로 가던데."

"좋아! 태리야, 네가 제일 빠르니까 방송국 사람들을 찾아서 조명을 가져와. 우리는 여기에서 아토미와 시간을 끌게. 아토미가 우리를 부숴 버리기 전에 최대한 빨리 가져와야 해!"

"음, 무슨 핑계를 대고 빌려 달라고 하면 좋을까요?"

태리는 엄지손가락을 들어 보이고는 B 구역 쪽으로 쏜살같이 달렸다. 저 멀리, 축제 현장을 보도하고 있는 방송국 사람들이 보였다. 조명 장비는 꺼진 채 옆에 세워져 있었다. 태리는 발을 동동 구르다 그쪽으로 살금살금 다가갔다.

"햇빛 마을 축제, 기다리셨던 분들이 많으시죠? 오랜 역사를 자랑하는 제10회 햇빛 마을 축제에 이유를 알 수 없는 괴현상들이 벌어지며 축제가 엉망이 되고 말았습니다."

　김상욱 아저씨와 아이들은 이리저리 도망 다니며 아토미를 상대로 고군분투하고 있었다.

　약이 바짝 오른 아토미는 김상욱 아저씨와 아이들을 향해 블록을 마구 던졌다. 블록을 맞은 벼룩시장의 책과 옷, 신발들은 산산이 분해되어 땅에 떨어졌다.

그때, 엄청나게 밝은 빛이 아토미의 얼굴을 정통으로 비췄다. 아토미는 최면에 걸린 듯 블록을 쥔 손을 들어 올린 채 꼼짝도 하지 않았다.

태리였다. 태리가 조명을 가져오는 데 성공한 것이다.

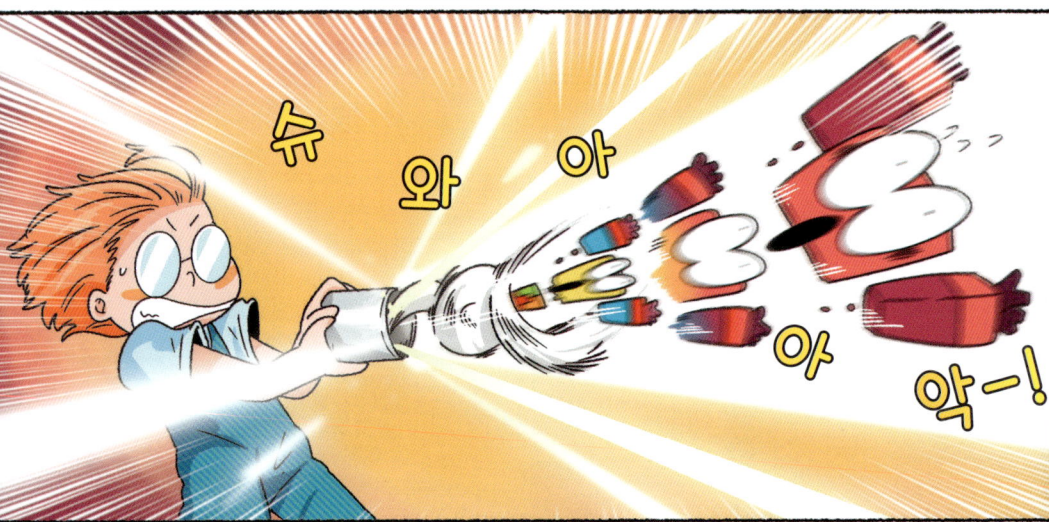

뚜껑이 열린 이데아 캔 속에서 조명 장치와는 비교도 할 수 없을 만큼 강렬한 빛이 터져 나왔다. 아토미의 몸이 이데아 캔 속으로 소용돌이치며 빨려 들어갔다.

마침내 해나가 재빠르게 시계 반대 방향으로 뚜껑을 돌려 이데아 캔을 닫았다.

"포획 완료!"

태리가 즐거운 비명을 지르며 뛰어올랐다.

"와, 성공이에요!"

건우는 여전히 자신을 끌어안고 있는 김상욱 아저씨를 올려다봤다.

"아저씨, 좀 비켜 주실래요?"

김상욱 아저씨와 아이들은 후들거리는 다리를 이끌고 또만나 떡볶이 지하실로 돌아왔다.

태리가 풀이 잔뜩 죽은 김상욱 아저씨에게 말했다.

"아저씨, 왜 기운이 없으세요? 아토미를 무사히 잡았잖아요."

"아토미는 잡았지만 고추장 단지를 잃어버렸어. 단지를 놨던 곳에 가 봤는데 아무리 찾아도 없더라고. 하, 그걸 누가 가져갔을까."

해나가 말했다.

"그러게 작은 용기에 덜어가자고 말씀드렸잖아요."

김상욱 아저씨가 건우의 눈치를 살피며 말했다.

"할머님한테 잘 말씀드려서 고추장 좀 다시 달라고 하면 안 될까? 내가 아까 네 목숨도 구해줬잖니."

"무슨 소리예요! 제 목숨을 구해준 건 잽싸게 조명 장치를 가져온 태리죠. 그리고 또만나 떡볶이는 손님이 없는 게 더 어울려요."

태리가 멋쩍게 웃으며 끼어들었다.

"아저씨, 속상하시겠지만 이데아 도감을 완성해야죠."

김상욱 아저씨는 건우를 째려보며 자리에 앉았다. 아이들도 새로 만들기 시작한 이데아 도감을 펼쳤다.

이번에도 태리가 그림을 그리고, 건우는 해나가 불러 주는 대로 글씨를 썼다.

건우가 노트를 내려다보며 말했다.

"주의 사항도 쓸까?"

해나가 말했다.

"응. 화가 나면 몸집이 커지고 난폭해지니 주의할 것. 아저씨, 덧붙이고 싶은 내용 없으세요?"

"덧붙이고 싶은 질문은 있지. 김건우, 진짜 고추장 더 안 가져올 거야?"

"아저씨가 잃어버려 놓고 왜 날 괴롭혀요? 그렇게 고추장이 갖고 싶으면 우리 할머니한테 직접 말해 보시든가요."

"좋아. 이로써 너희 할머니와 내가 맺은 계약은 끝났다. 그 말은 곧……."

김상욱 아저씨가 진지한 얼굴로 안경을 추어올렸다.

"너를 다시 구박해도 된다는 소리지. 너 아까 먹거리 장터에서 뭐 먹었어! 입이 아직도 끈적끈적하잖아!"

잽싸게 도망치는 건우를 김상욱 아저씨가 뒤쫓았다. 아토미와의 추격전보다 훨씬 치열한 추격전이 지하 연구실 안에 펼쳐졌다.

"나 혼자 먹은 거 아니에요. 태리도 같이 먹었다고요!"

"뭐라고? 태리, 너마저!"

이번에는 태리가 의자에서 벌떡 일어나 김상욱 아저씨를 피해 도망치기 시작했다.

세 사람의 추격전을 지켜보던 해나의 입가에 잔잔한 미소가 피어올랐다. 해나는 이데아 도감에 마지막 내용을 적어 넣은 뒤 책장을 덮었다. 그리고 엎치락뒤치락 하는 친구들을 뒤로한 채 아토미가 잠들어 있는 이데아 캔을 창고 선반 위에 올려놓았다. 벌써 세 번째 이데아가 무사히 안식처로 돌아왔다.

실컷 즐기지 못한 마을 축제와 아토미가 분해해 버린 책은 못내 아쉬웠지만 말이다.

6. 원자의 종류별 특성을 알아보자!

> 오늘의 연구 대상

원자 이데아의 블록에 맞은 물체들이
모두 원자 크기로 분해되어 버렸어!
분해된 각각의 원자는 어떤 특성을 가졌을까?

> 오늘의 일지

지구에는 어떤 원자가 많을까?

    지금까지 발견된 118개의 원자가 모두 지구상에 골고루 많이 존재하는 건 아니야. 어떤 원자들은 인공적으로 만들어진 원자이기 때문에 자연에서는 발견되지 않아.

    우리 몸이나 우리 주변의 물질을 구성하는 원자의 이름은 많이 들어봐서 익숙할 거야. 어떤 원자들이 있고, 어떤 특성을 가졌는지 살펴볼까?

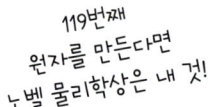

각각의 원자를 자세히 살펴보자!

우리 몸은 주로 산소, 탄소, 수소, 질소 등으로 구성되어 있어. 우리가 밟고 있는 땅에는 산소와 규소가 많지. 공기 중에는 질소와 산소가 많고, 산소가 없는 우주에는 수소가 제일 많아. 몇몇 대표적인 원자들이 어떤 특성을 가졌는지 살펴보자!

원자	특징	원자	특징
C 탄소	탄소는 생명의 뼈대야. 탄수화물, 지방, 단백질, DNA 등 생명과 연관된 대부분의 것들은 탄소로 이루어져 있지.	O 산소	우리는 산소를 마시고 이산화탄소를 내뱉는 호흡을 해야 살 수 있어. 땅의 무려 50퍼센트도 산소로 이루어져 있지.
H 수소	수소는 우주에서 가장 흔한 원자야. 태양에도 수소가 있지. 그리고 물을 구성하기 때문에 매우 중요해.	He 헬륨	마시면 목소리가 변하는 헬륨 풍선 속에 들어있는 원자야. 공기보다 가벼워서 공기 위로 뜨지.
N 질소	질소는 식물을 잘 자라게 하는 비료를 만드는 데 필요한 핵심 원자야.	Si 규소	유리, 반도체, 실리콘 등에 사용되며, 오늘날의 전자기기 발달에 없어서는 안 될 필수 원자야.
Al 알루미늄	알루미늄은 매우 가늘고 넓게 펼 수 있을 정도로 무르고, 전기가 잘 통하는 물질이야. 가볍고 녹이 잘 안 슬지.	Fe 철	철은 매우 단단하고 잘 부러지지 않아. 그리고 지구에 많이 있지. 다양한 곳에 사용되면서 인류 발전에 중요한 영향을 끼쳤어.

오늘의 연구 결과

각각의 원자는 고유한 특성을 지니고 있어.

 벌써 세 번째 아이디어를 잡는 데 성공!

물리 이데아 ·도감·

NO.3 아토미

원자 이데아

좋아하는 것
신나는 음악

싫어하는 것
이데아 캔

키
8센티미터

몸무게
200그램

특성
이데아 캔에서 꺼내면 주변을 정신없이 탐색하고 다니니 조심할 것.
손바닥에서 블록을 생성해 사물에 던지면 원자의 크기나 결합 구조 등에 변화가 일어남.
화가 나면 몸집이 커지고 난폭해짐.

🔍 아토미가 일으킨 문제 분석

문제점	원인	질문
① 서로 뒤바뀐 설탕과 소금 맛 ② 드라이아이스로 바뀐 물 ③ 암모니아 냄새가 나는 식용유	원자의 종류	원자 종류만 바꾸면 모든 물질을 바꿀 수 있나요? 맞아. 세상 모든 물질은 원자로 이루어져 있기 때문이지.
④ 매우 작아진 붕어빵 ⑤ 엄청나게 커진 탕후루 ⑥ 쪼그라든 풍선 ⑦ 거대해진 에어바운스	원자의 크기	크기가 바뀌면 무게도 달라지나요? 단순히 부피만 커진 것이기 때문에 무게가 변하진 않아.
⑧ 사라져 버린 책 ⑨ 흐물거리는 달고나 ⑩ 흑연이 된 다이아몬드 목걸이	원자의 결합 구조	결합 구조가 다른지는 어떻게 알 수 있어요? 전자 현미경으로 물체를 관찰하면 원자 단위까지 살펴볼 수 있어!

🏃 아토미 포획 작전

포획 팁	원자 아이디어인 아토미는 원자 포획 장치의 원리를 활용해 잡을 수 있다.
준비물	밝고 시끄러운 음악, 진공청소기, 빛(레이저)
포획 방법	① 밝고 시끄러운 음악으로 아토미를 유인한다. ② 다른 물체들과 구분될 수 있도록 진공청소기로 아토미를 빨아들인다. 　　→ 아토미가 진공청소기를 분해해 버려 실패! ③ 아토미를 마비시키기 위해 빛(레이저)을 비춘다. ④ 아이디어 캔 안에 넣는다! 　　→ 아토미 포획 성공!

> 원자 포획 장치의 원리를 활용해 다행히 포획에 성공했어!
> — 김상욱 아저씨

쿠키 1

텔레비전 뉴스에서 엉망이 된 햇빛 마을 축제 현장이 나오고 있었다. 도망치는 사람들의 모습을 보며 껄껄 웃는 마두식 회장과 달리 이룩한 박사의 표정은 심각했다.

텔레비전 뉴스를 바라보는 마 회장의 눈빛이 초조해졌다.

마 회장이 이끄는 엔진 제조 기업 '에너지 킹'은 얼마 전 역대 최강의 추력을 갖춘 로켓 엔진 '스페이스 가디언' 개발에 성공했다고 발표했다. 하지만 거듭된 테스트 결과, 스페이스 가디언은 로켓 추진체에 장착하기에는 성능이 아직 부족한 것으로 밝혀졌다.

이 위기를 극복하고 로켓 엔진 개발에 필요한 장치들을 손쉽게 개발하려면 이데아들이 있어야 한다. 하지만 이미 빛의 이데아와 중력 이데아를 김상욱 박사와 꼬맹이들에게 빼앗겼다.

만약 이번 이데아까지 그들의 손에 넘어간다면…….

마 회장은 머리를 헝클어뜨리며 소리를 질렀다.

그때였다.

회장실 방문이 벌컥 열리더니 블랙과 화이트가 웬 낡은 단지를 끌어안고 거만하게 들어왔다.

마 회장은 얼굴이 벌게져서 비서들을 향해 손가락질했다.

마 회장은 정신없이 날뛰는 심장을 간신히 진정시켰다. 이데아가 알아서 눈앞에 나타나다니! 쓸모없는 줄로만 알았던 블랙과 화이트가 이데아를 가져오다니!

마 회장은 심호흡을 하며 천천히 단지 뚜껑을 돌렸다. 그리고 숨을 들이쉰 채 단지 안을 들여다봤다.

　마 회장은 천천히 고개를 들었다. 분노가 솟구쳐 오르며 목덜미부터 붉은색으로 물들기 시작했다.
　블랙과 화이트가 거만한 자세로 물었다.
　"무슨 아이디어가 들어 있죠?"
　"빛? 중력? 아니면……."
　마 회장의 얼굴은 이제 완전히 빨갛게 변해 있었다. 단지에 든 맛있는 고추장 색깔만큼.
　마 회장의 호통이 에너지 킹 건물을 뚫고 멀리멀리 퍼져 나갔다.

쿠키 2

햇빛 마을 부근의 높고 깊은 산. 사람들의 발길이 닿지 않는 작은 동굴에서 이름 모를 생명체가 조용한 시간을 보내고 있었다. 아침이면 새들이 짹짹 지저귀는 소리가 잠을 깨워 주었고,

밤이면 풀벌레들의 울음소리가 자장가가 되어 주었다. 시원한 바람 소리, 땅에 후드득 떨어지는 빗방울, 졸졸 흐르는 개울물 등 생명체는 자연의 소리를 만끽하며 평온한 날을 보냈다.

하지만 불행은 갑자기 찾아오는 법. 도저히 참을 수 없는 소리가 생명체의 휴식을 방해했다.

정체 모를 남자의 노랫소리에 생명체는 귀를 틀어막았다.

생명체는 동굴 입구 쪽으로 나와 소리가 들리는 쪽을 응시했다. 산 아래 저 멀리 있는 햇빛 마을이었다. 남자의 노랫소리는 눈치도 없이 계속 들려왔다.

교과 연계
초등 | 3학년 1학기 | 2. 물질의 성질
중등 | 2학년 1학기 | 2. 물질의 구성

③ 원자: 축제는 시작되었다!

기획 김상욱 | **글** 김하연 | **그림** 정순규 | **자문** 강신철

1판 1쇄 발행 2024년 03월 27일
1판 7쇄 발행 2025년 12월 12일

펴낸이 김영곤
프로젝트3팀 이장건 김혜지 박예진 김정현
영업팀 정지은 한충희 남정한 장철용 강경남 황성진 김도연 이민재
디자인 김단아
제작팀 이영민 권경민

펴낸곳 ㈜북이십일 아울북
출판등록 2000년 5월 6일 제406-2003-061호
주소 (10881) 경기도 파주시 회동길 201(문발동)
대표전화 031-955-2100 **팩스** 031-955-2177 **홈페이지** www.book21.com

ⓒ 2024 김상욱 · 김하연 · 정순규 · 강신철

ISBN 979-11-7117-103-3　74400
ISBN 979-11-7117-100-2　74400 (세트)

책값은 뒤표지에 있습니다.
이 책 내용의 일부 또는 전부를 재사용하려면 반드시 ㈜북이십일의 동의를 얻어야 합니다.
잘못 만들어진 책은 구입하신 서점에서 교환해드립니다.

• **제조자명**: ㈜북이십일
• **주소 및 전화번호**: 경기도 파주시 문발동 회동길 201(문발동) / 031-955-2100
• **제조년월**: 2025.12
• **제조국명**: 대한민국
• **사용연령**: 3세 이상 어린이 제품

• **이미지 출처** 게티이미지코리아(47쪽, 67쪽, 87쪽, 107쪽)
• **가사 인용** 뽀롱뽀롱 뽀로로 1기 오프닝송(119쪽, 120쪽, 124쪽, 156쪽, 157쪽)

다양한 SNS 채널에서 아울북과 올파소의 더 많은 이야기를 만나세요.

인스타그램 @owlbook21　페이스북 @owlbook21　네이버카페 owlbook21　네이버포스트 아울북 and 올파소

진짜 진짜 수상한 연구실

아저씨! 질문 있어요!

질문? 무슨 질문? 졸리니까 빨리 얘기해보렴.

해나랑 태리가 할 거예요~!

원자 이데아가 그렇게 강력하다면,

이 책을 다른 책으로 바꿀 수도 있나요?

기특하게 이런 질문이라니!

오, 충분히 가능하지! 아토미가 직접 보여줄 거야!

보여주지!

관찰력, 문해력, 논리력이 커지는 추리의 세계!
권일용 프로파일러와 함께 시작해 볼까?

미리보기